I Wake Up Each Morning Covered in Dust

By Andrew Brenza

mOnocle-Lash Anti-Press

2022

© Andrew Brenza 2022

isbn 978-1-948637-07-7

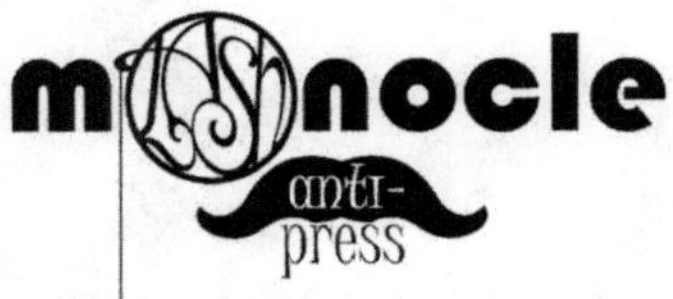

mOnocle-Lash Anti-Press

P.O. Box 342
Roanoke, VA 24003

monoclelash.wordpress.com
monoclelash@gmail.com

social dis owning

... ting so ... d ...

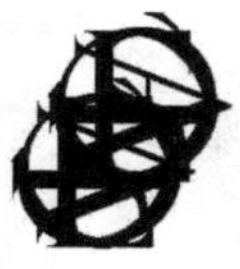

... dassing into

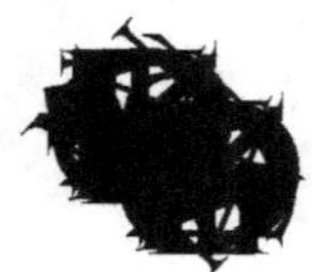

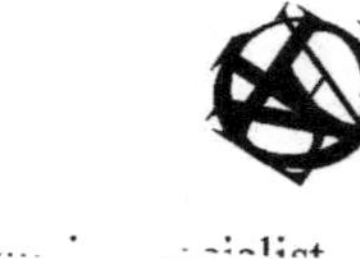

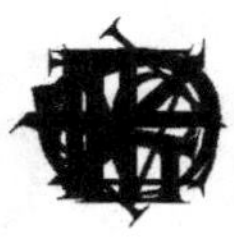

... ialist

cascading its loin

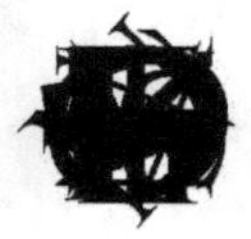

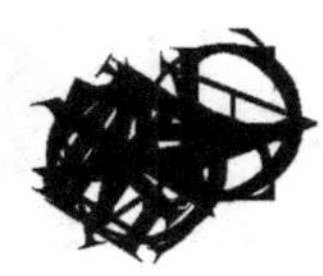

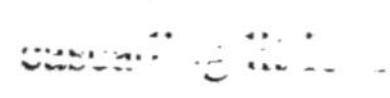

cascading ...

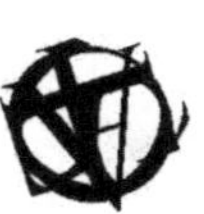

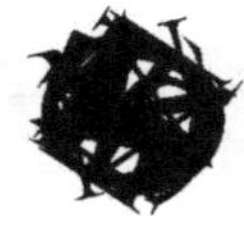

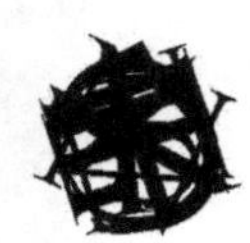

... maid icons

... algo ...

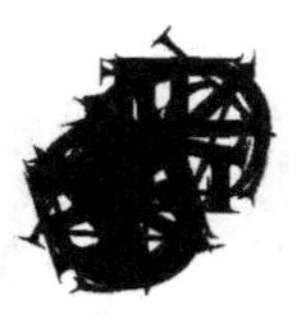

... is scalding it

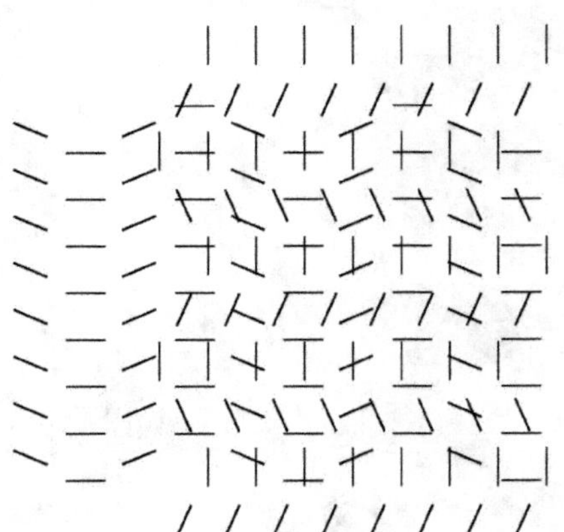

```
a
 l
 li
  it
  itt
  ittl
    tle
    tlep
    tlepo
    t epoe
    t epoem
    t epoemd
      epoemdr
      e oemdri
      e oemdrif
      e o mdrift
      e o mdrifti
      e o mdriftin
      e o m rifting
      e o m rifting
      e o m rifting
      e o m r fting
        o m r fting
        o m r fting
        o m r f ing
        o m r f ing
        o m r f ing
        o m r f i g
        o m r f i g
        o m r f i g
        o m r f i g
        o m r f   g
        o m r f   g
        o m r f   g
          m r f   g
          m r f   g
          m r     g
          m r     g
          m r     g
            r     g
            r     g
            r
            r
            r
            r
```

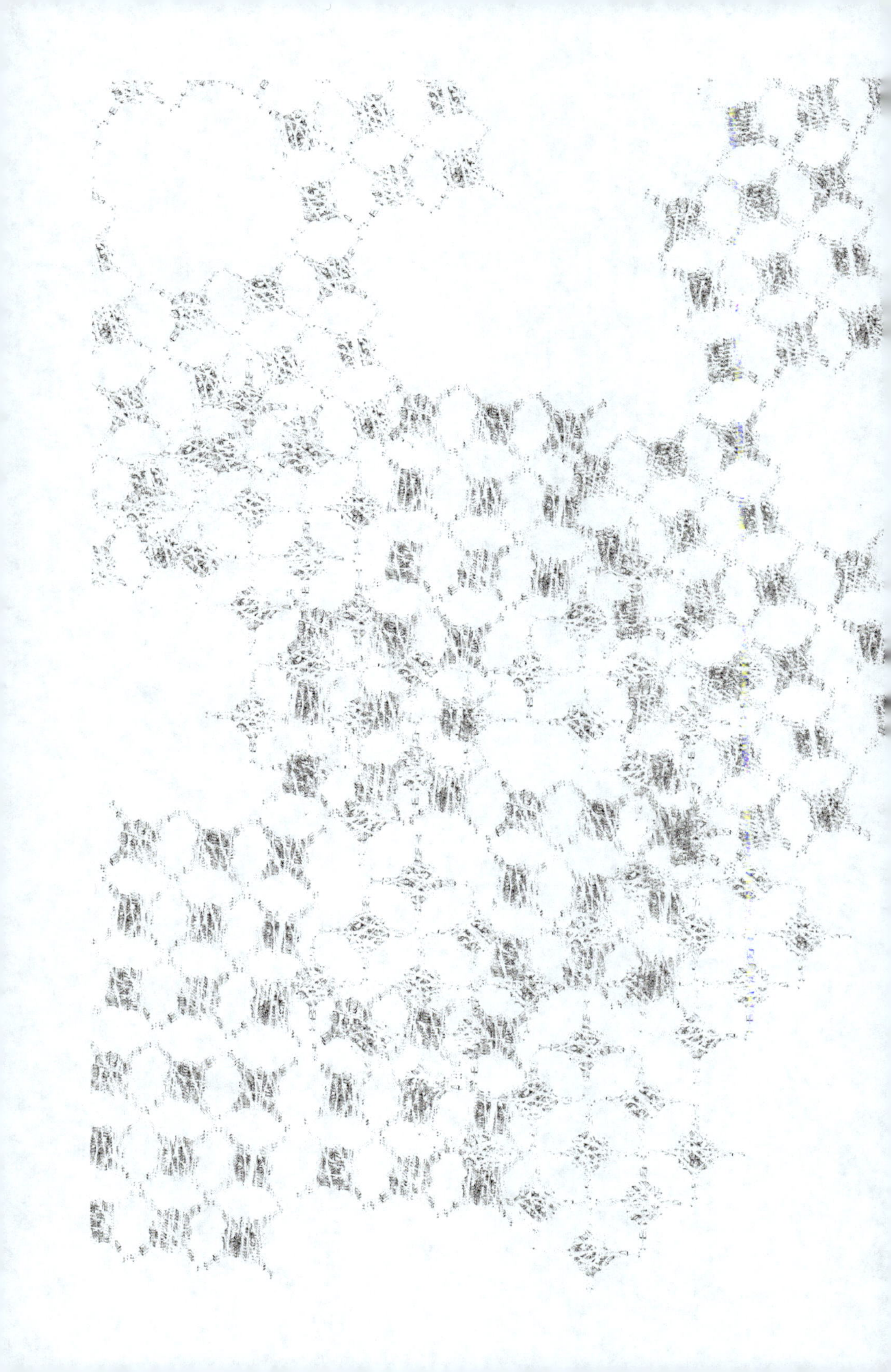

```
                   a
                   a
                   a
    m              a
    m              a
    m              a
    m              a
   em              a
   em             ea s
   em             ea s
   em             ea s
 p em             eabs      l
 p em             eabs  c   l
 p em           t eabs  c   l g
 p em           t eabse c   l g
 p ema          t eabse c   l g
 p ema          theabsenc   lig
apoemab        &theabsenc   lig
apoemabo       &theabsenc  flig
apoemabo       &theabsence fligh
apoemabou      &theabsence flight
apoemaboutlight&theabsenceoflight
apoemaboutlight& hea  enceo  ight
apoemaboutlight& hea  enceo  ight
apoemaboutlight& he   ence   ight
apoe aboutlight& h    ence   ight
apo  abo tlight& h     nce    ght
apo  abo tlight  h     nc     ght
apo  abo tlight  h     nc     ght
a o  ab  tlight  h     n       ht
a o  ab  tlight        n       ht
a o   b  tlight        n       ht
a o   b  tligh         n       ht
a o   b  tligh         n        t
a o   b  tligh                  t
a o   b  tligh                  t
a o   b  tligh
a o      tli h
a o      tli h
a o      tli h
a o      tli h
a o       li
a o       li
a o       li
  o       li
  o       li
  o       li
```

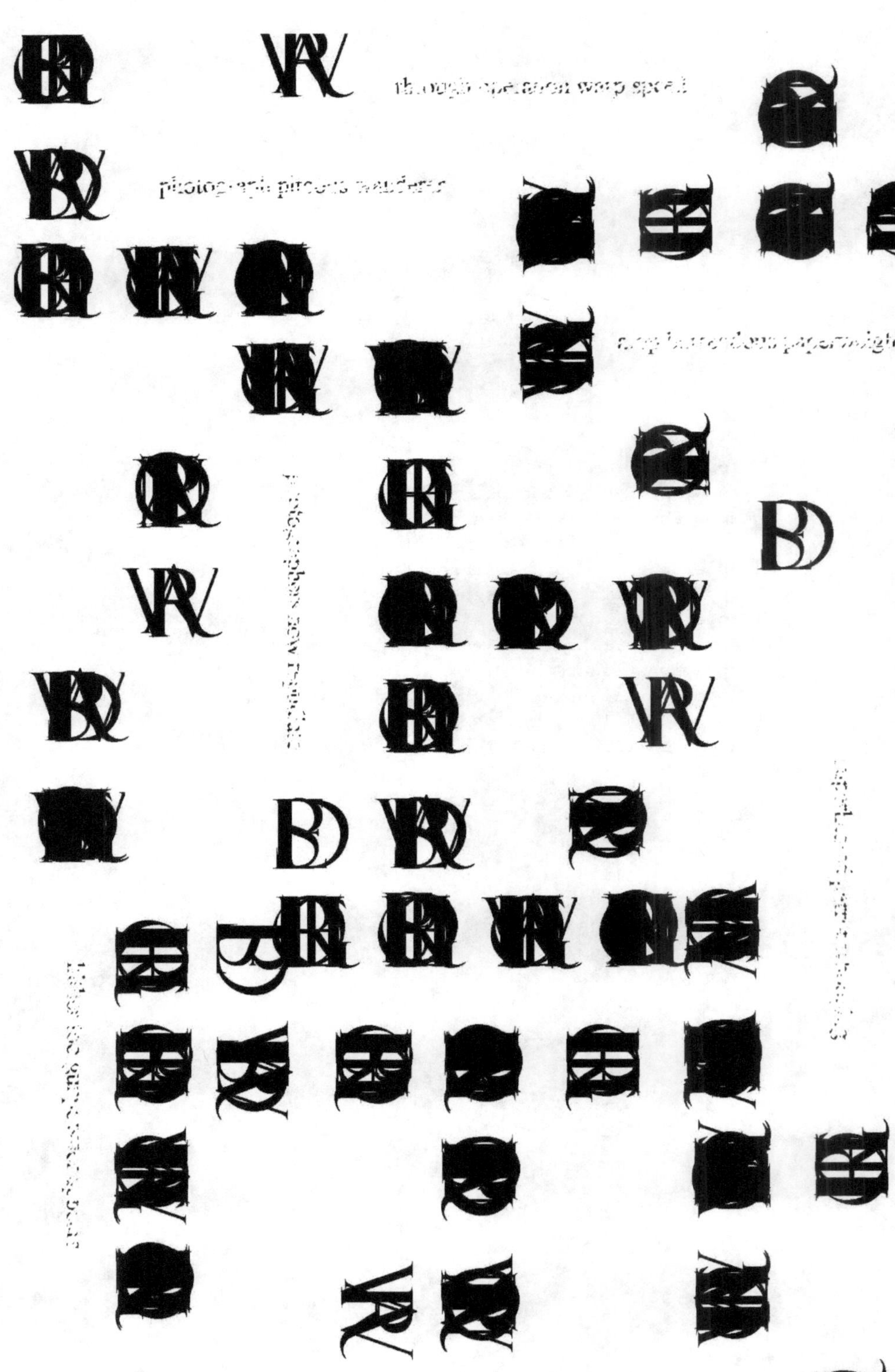

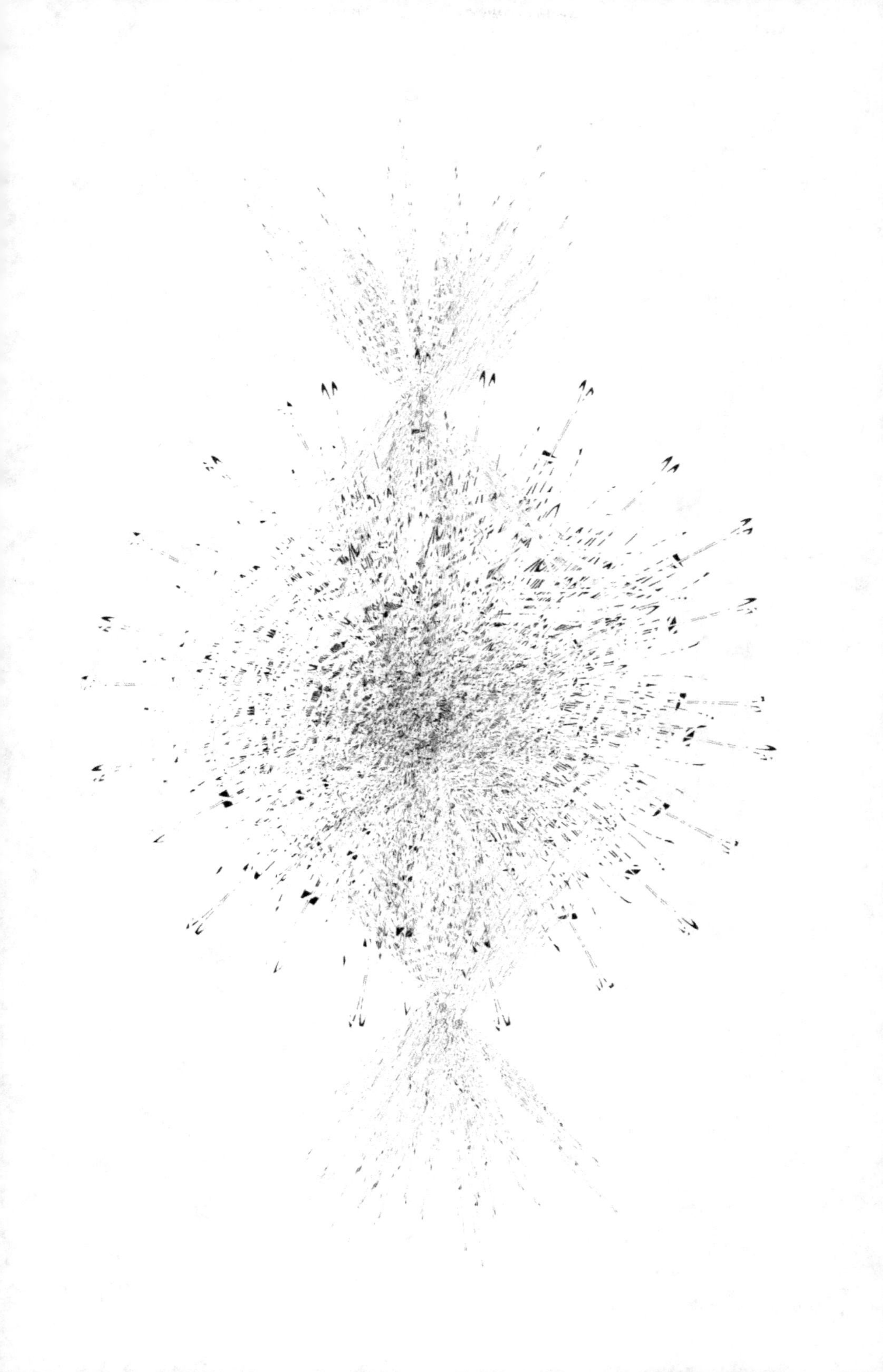

a a s s s s
n l s t e
s i s on
n g s on
a t s t e
k s s s
e st e e
s s r p n
l s i o
i s r p t
g st es
h s es
ts p t
h s i o
g str n
i str e
l ts i s
s h s p e
e g s e n
k t s s o
a i s t
n l s s o
s s s e n
n k s p e
a s i s
n k s r e
s e st n
n k s r e
a s i s
n k s p e
s s s e n
n l s s o
a i s t
k t s s o
e g s e n
s h s p e
l ts i s
i str e
g str n
ts p t

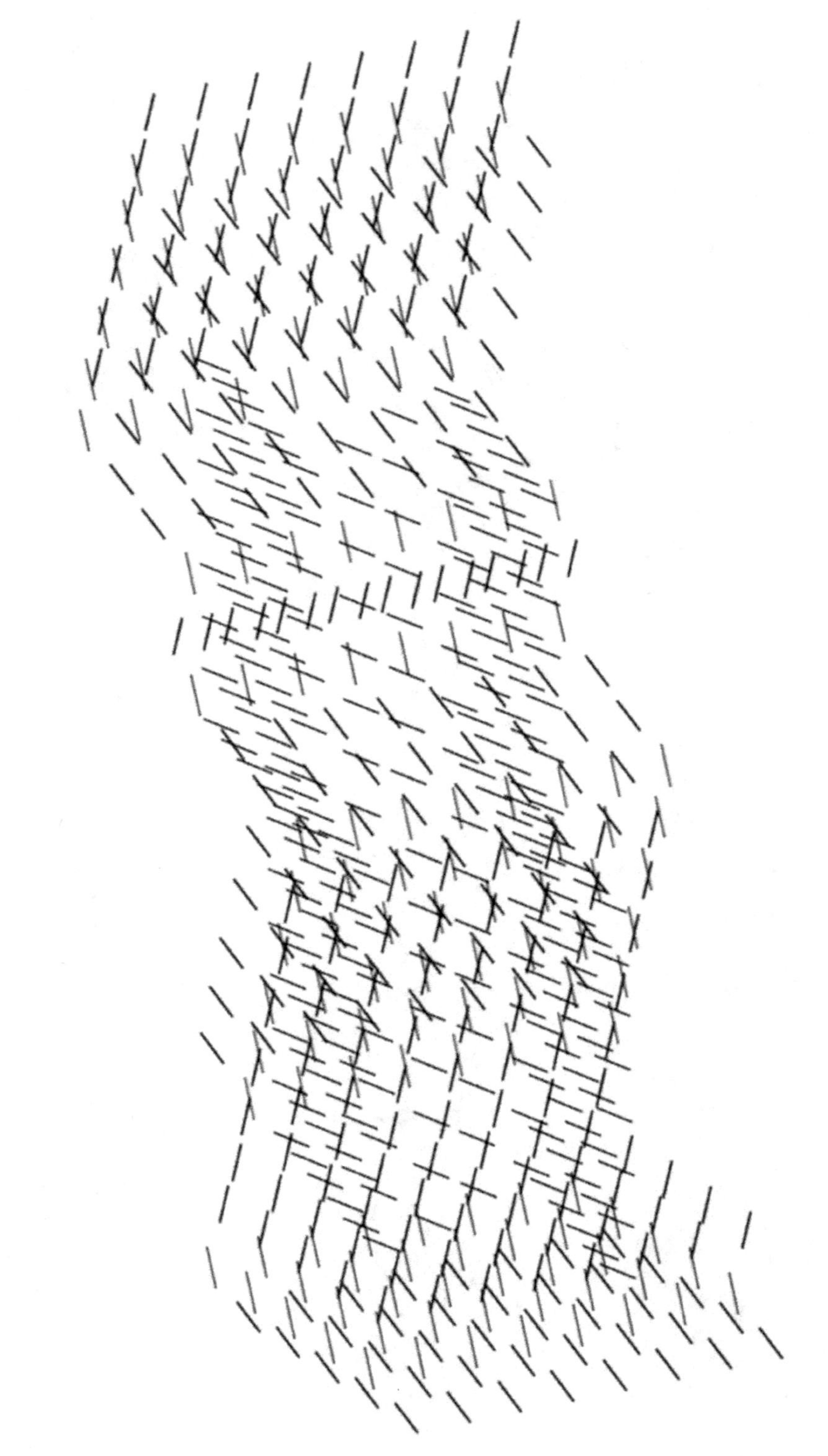

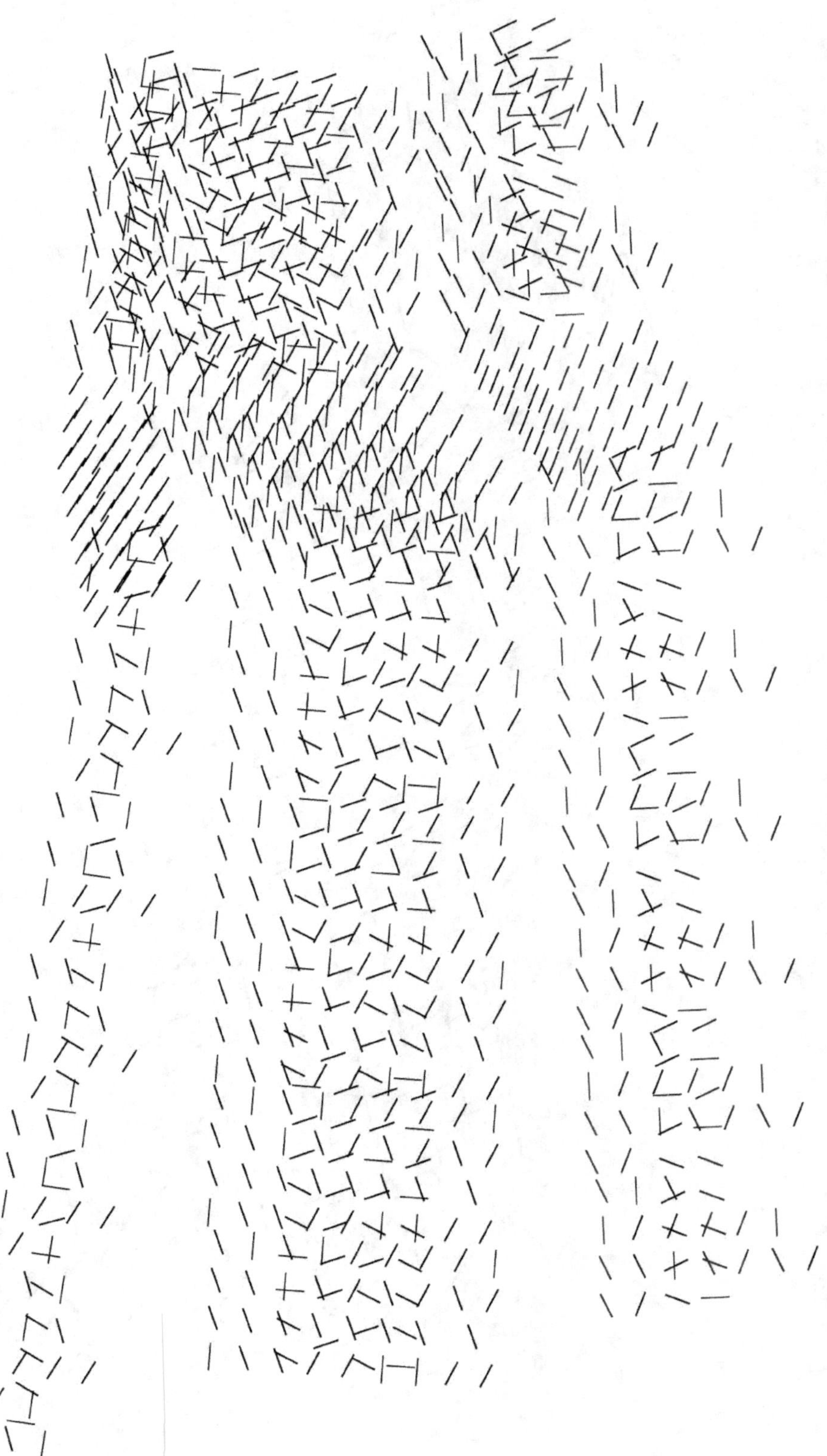

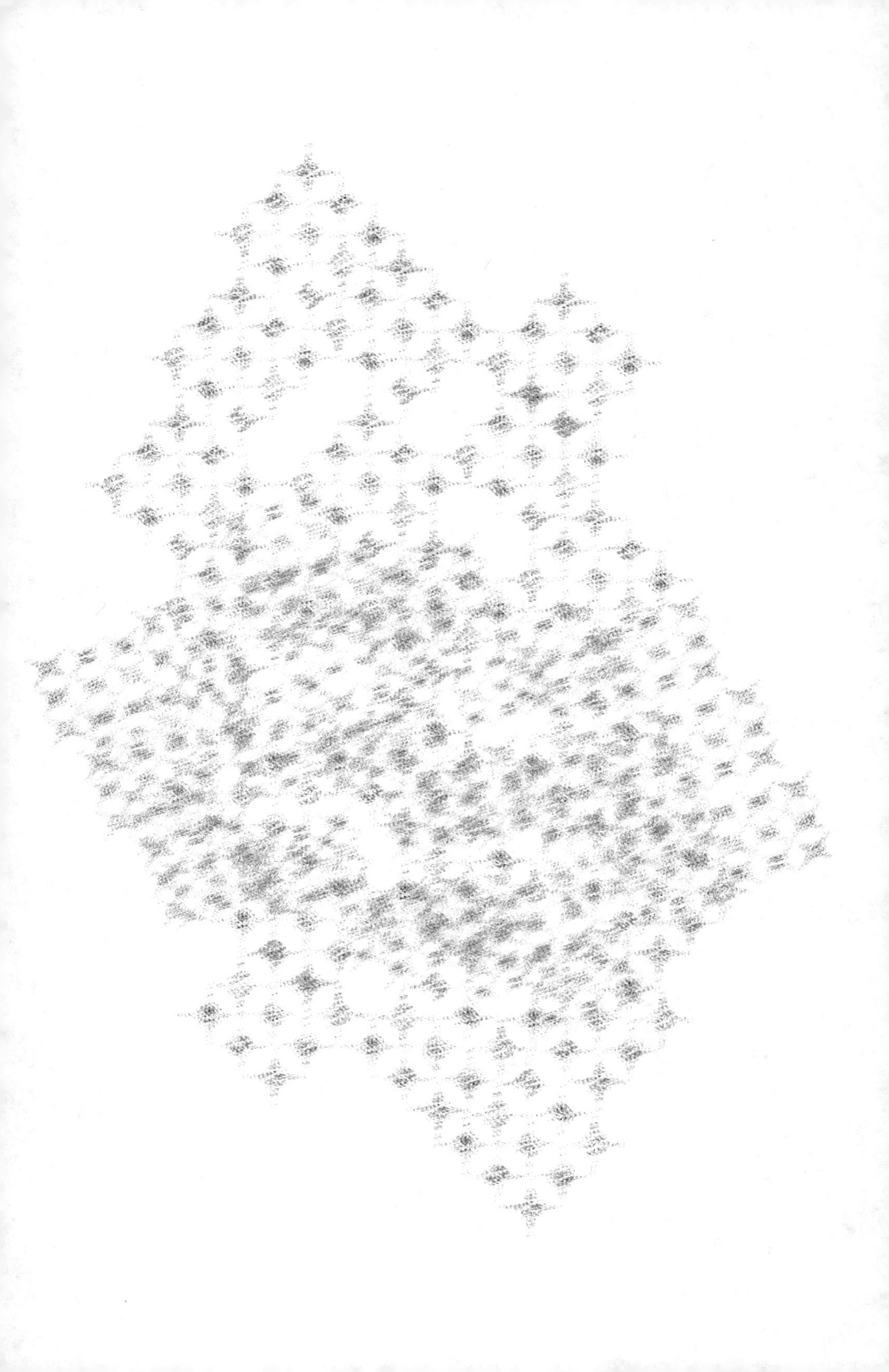

   n   s   e n   m
    s   w   i   e
      h o   e n d
       ad   c   si
       ad   n   si
      h o   a   n d
    s   wd   i   e
   n   s   e   m
 u   wd   c   e
p   o   an   m
s   d   an   e
 p   a   d c   d
   u h   s   e   i
     ns   w   i s
     ns   o   n
     ns   w   i s
   u h   s   e   i
 p   a   d c   d
s   d   an   e
p   o   an   m
 u   wd   c   e
   n   s   e   m
    s   wd   i   e
      h o   a   n d
       ad   n   si
       ad   c   si
      h o   e n d
    s   w   i   e
   n   s   e n   m

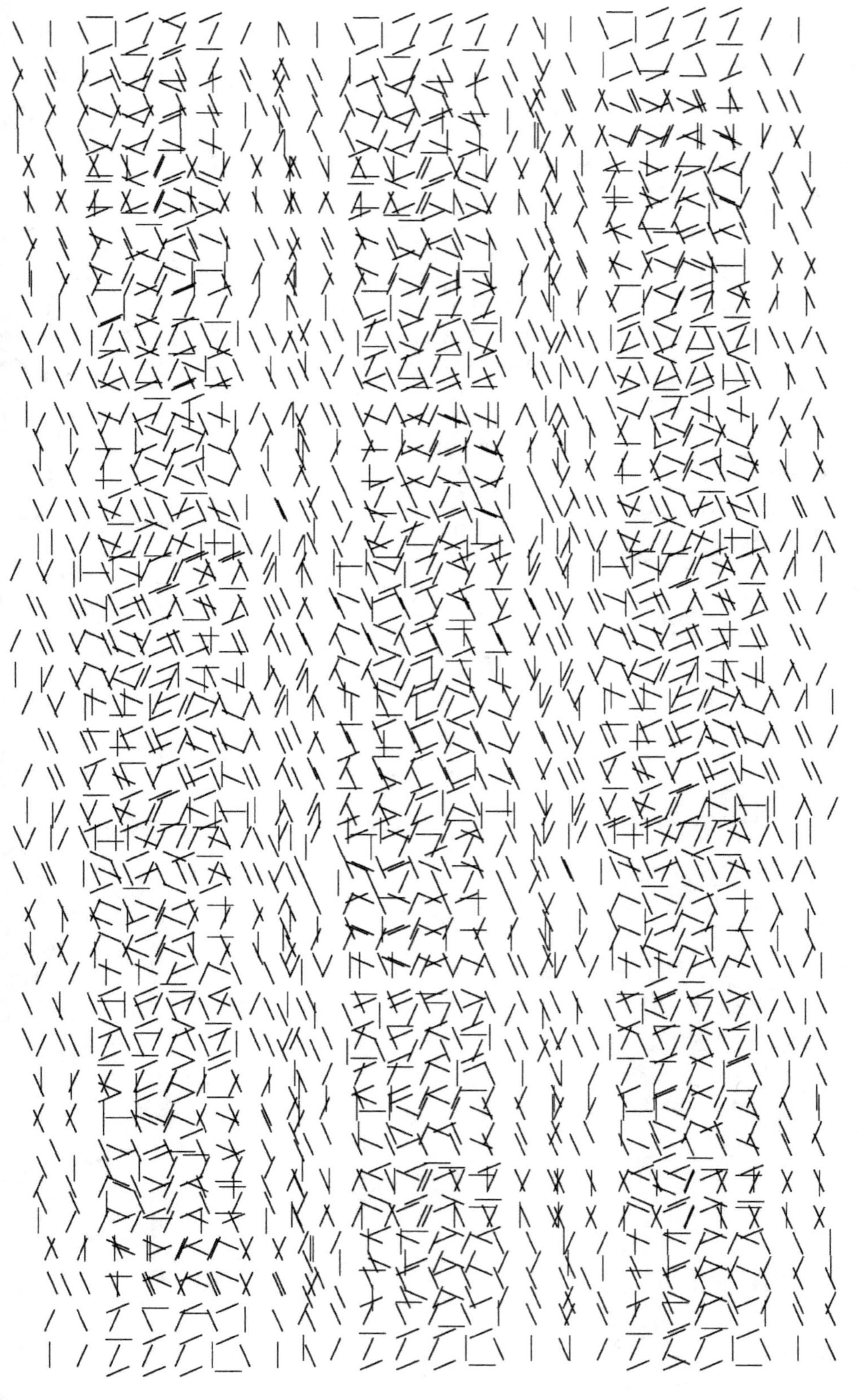

```
   thoughtblinking
      thought linking
alittlethought  inking
alittlethought   nking
alittlethought    king
alittlethough     king
alittlethough    inking
 alittlethou     inking
  alittl tho      inking
   alitt  th       inking
   alit   th       inking
    lit   th      inking
     it   th      inking
      it   th      inkin
       it   th      inki
        i   th      ink
        i    t      ink
         i          in
         i    t      in
        i   th      ink
         i    th      in
         i    t      in
               i       in
                 i
                   l
                  i
                 i
                  l
                    i
                        l
                            l
                                 l
```

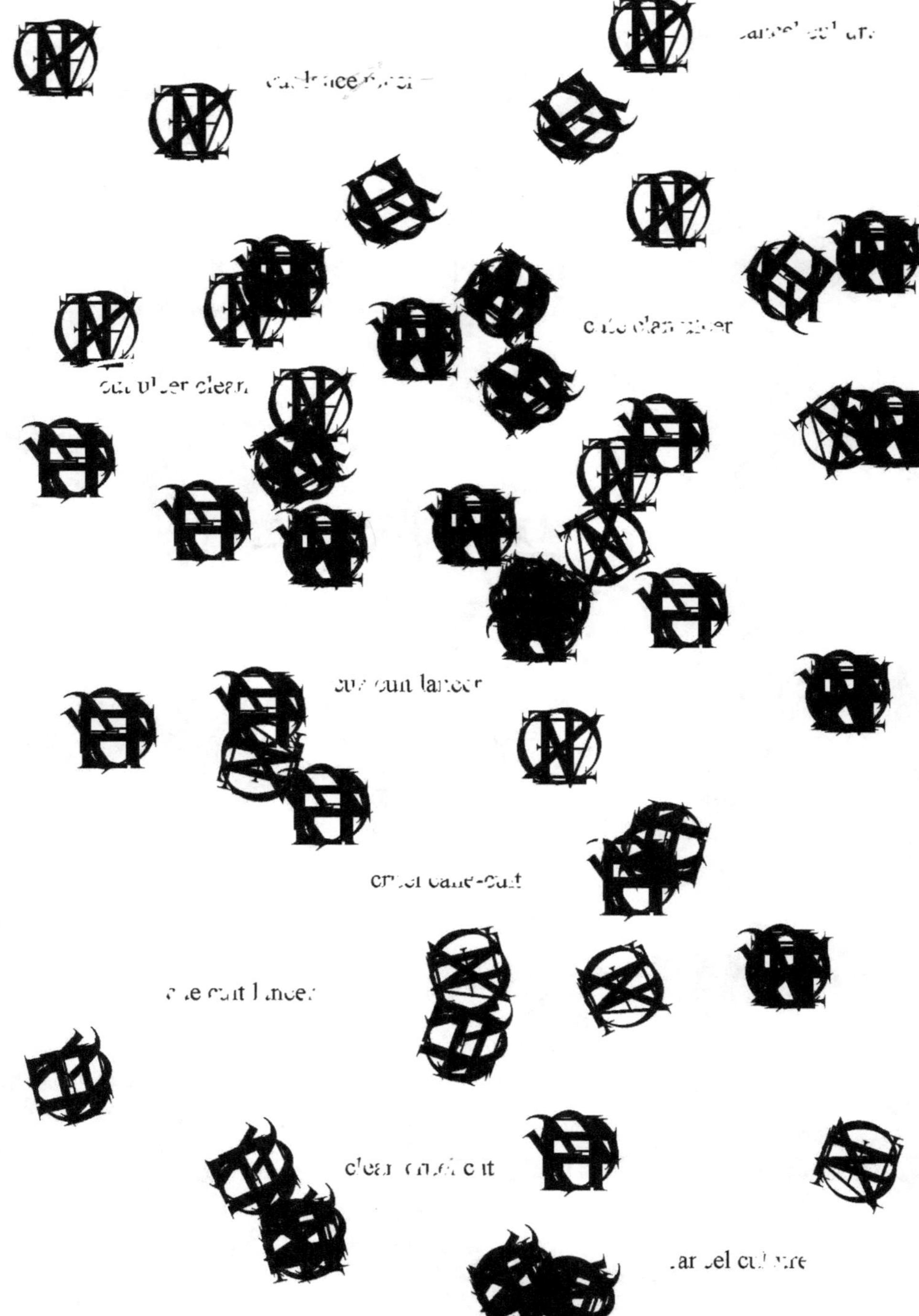

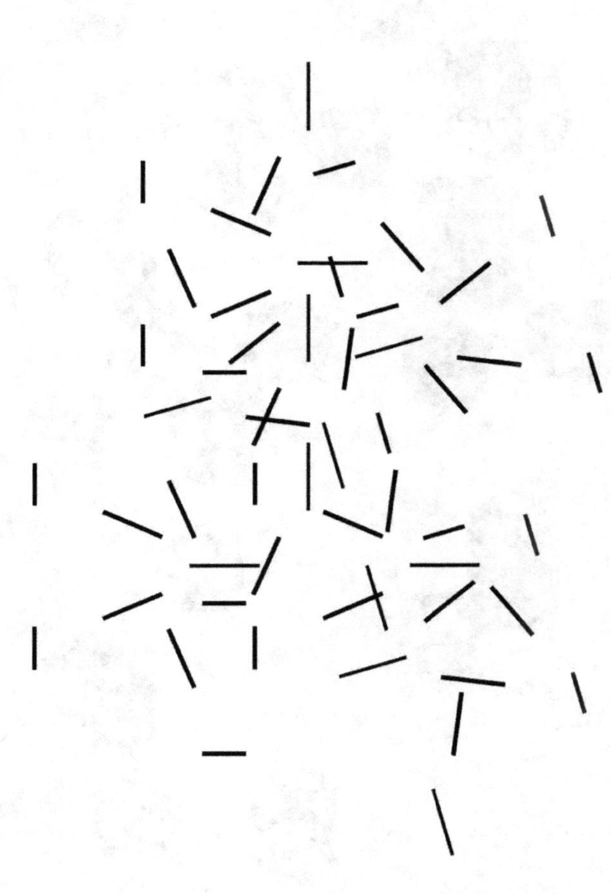

```
a  i   t   e   o   m   e   v   s   n   w   a   e
a l  t   l   p   e   w   a   e   a   d   e   v   s
a l i  t   e   o   m   e   v   s   n   w   a   e
  l i t  l   p   e   w   a   e   a   d   e   v   s
  l i t t  e   o   m   e   v   s   n   w   a   e
  l i t t l  p   e   w   a   e   a   d   e   v   s
  l   t t l e  o   m   e   v   s   n   w   a   e
  l   t t l e p  e   w   a   e   a   d   e   v   s
  l   t t l e p o  m   e   v   s   n   w   a   e
      t   l e p o e  w   a   e   a   d   e   v   s
      t   l e p o e m  e   v   s   n   w   a   e
      t   l   p o e m w  a   e   a   d   e   v   s
      t   l   p o e m w e  v   s   n   w   a   e
      t   l   p   e m w e a  e   a   d   e   v   s
      t   l   p   e m w e a v  s   n   w   a   e
          l       e m w e a v e  a   d   e   v   s
          l       e m   e a v e s  n   w   a   e
          l       e m   e a v e s a  d   e   v   s
          l       e m   e a v e   a n  w   a   e
          l       e     e a v e   a n d  e   v   s
          l       e     e a v     a n d w  a   e
                  e       a v       n d w e  v   s
                  e       a v         d   e a  e
                          a v         d   e a v  s
                          a           d   e a v e
                          a           d   e a v  s
                                          e a
                                            a
                                            a
                                            a
```

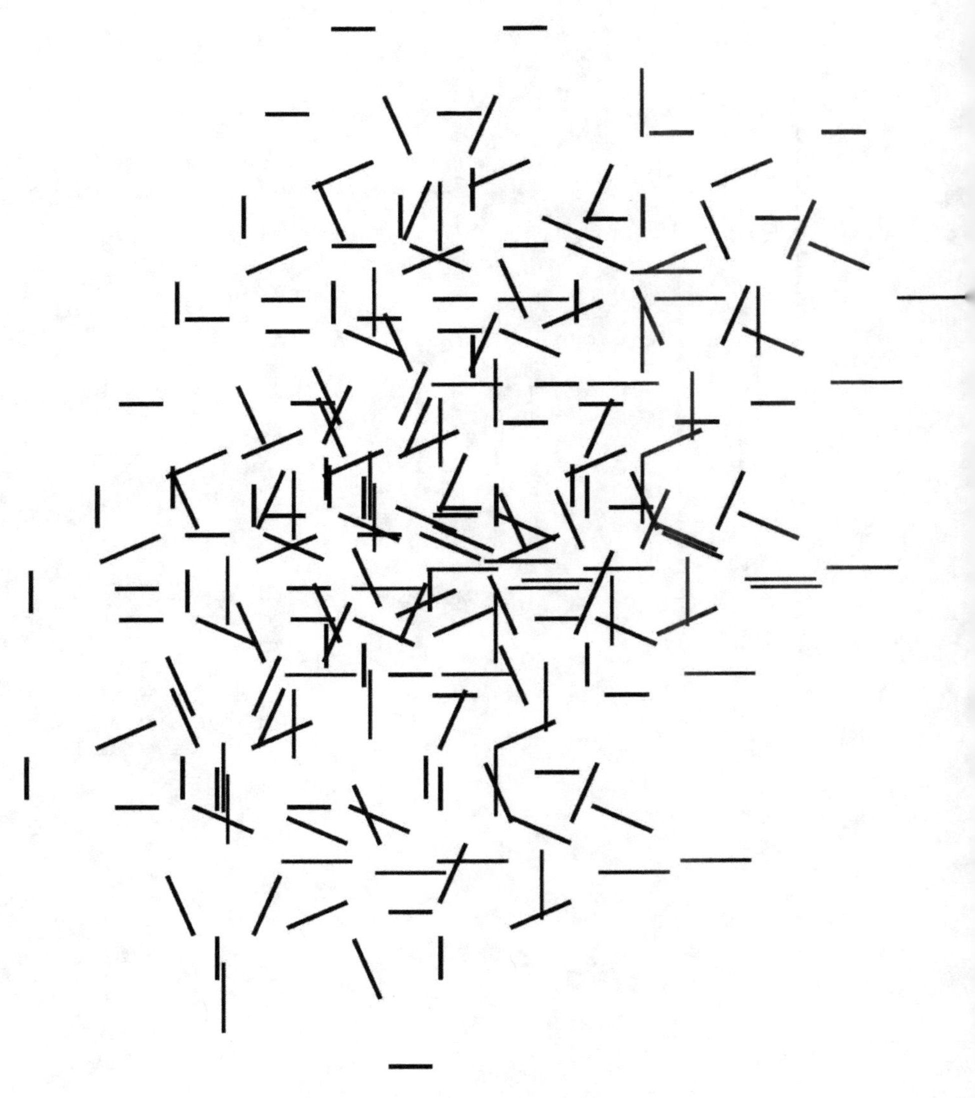

aaaaaaaaaaaaaaaaaaaaaaaaaaaaaaaaaaaaaaaaa
aaaaaaaaaaaaaaaaaaaaaaaaaaaaaaaaaaaaaaaaa
alllllllllllllllllllllllllllllllllllllllla
alllllllllllllllllllllllllllllllllllllllla
aliiiiiiiiiiiiiiiiiiiiiiiiiiiiiiiiiiiiila
aliiiiiiiiiiiiiiiiiiiiiiiiiiiiiiiiiiiiila
alittttttttttttttttttttttttttttttttttila
alittttttttttttttttttttttttttttttttttila
alittttttttttttttttttttttttttttttttttila
alittttttttttttttttttttttttttttttttttila
alittllllllllllllllllllllllllllllllttila
alittllllllllllllllllllllllllllllllttila
alittleeeeeeeeeeeeeeeeeeeeeeeeeeeeelttila
alittleeeeeeeeeeeeeeeeeeeeeeeeeeeeelttila
alittlepppppppppppppppppppppppppppelttila
alittlepppppppppppppppppppppppppppelttila
alittlepooooooooooooooooooooooooopelttila
alittlepooooooooooooooooooooooooopelttila
alittlepoeeeeeeeeeeeeeeeeeeeeeeeopelttila
alittlepoeeeeeeeeeeeeeeeeeeeeeeeopelttila
alittlepoemmmmmmmmmmmmmmmmmmmmmmeopelttila
alittlepoemmmmmmmmmmmmmmmmmmmmmmeopelttila
alittlepoemaaaaaaaaaaaaaaaaaaameopelttila
alittlepoemaaaaaaaaaaaaaaaaaaameopelttila
alittlepoemabbbbbbbbbbbbbbbbbameopelttila
alittlepoemabbbbbbbbbbbbbbbbbameopelttila
alittlepoemaboooooooooooooooobameopelttila
alittlepoemaboooooooooooooooobameopelttila
alittlepoemabouuuuuuuuuuuuuobameopelttila
alittlepoemabouuuuuuuuuuuuuobameopelttila
alittlepoemabouttttttttttttuobameopelttila
alittlepoemabouttttttttttttuobameopelttila
alittlepoemaboutdddddddddtuobameopelttila
alittlepoemaboutdddddddddtuobameopelttila
alittlepoemaboutdeeeeeeedtuobameopelttila
alittlepoemaboutdeeeeeeedtuobameopelttila
alittlepoemaboutdeaaaaaedtuobameopelttila
alittlepoemaboutdeaaaaaedtuobameopelttila
alittlepoemaboutdeatttaedtuobameopelttila
alittlepoemaboutdeatttaedtuobameopelttila
alittlepoemaboutdeathtaedtuobameopelttila
alittlepoemaboutdeathtaedtuobameopelttila
alittlepoemaboutdeatttaedtuobameopelttila
alittlepoemaboutdeatttaedtuobameopelttila
alittlepoemaboutdeaaaaaedtuobameopelttila
alittlepoemaboutdeaaaaaedtuobameopelttila
alittlepoemaboutdeeeeeeedtuobameopelttila
alittlepoemaboutdeeeeeeedtuobameopelttila
alittlepoemaboutdddddddddtuobameopelttila
alittlepoemaboutdddddddddtuobameopelttila
alittlepoemabouttttttttttttuobameopelttila
alittlepoemabouttttttttttttuobameopelttila
alittlepoemabouuuuuuuuuuuuuobameopelttila
alittlepoemabouuuuuuuuuuuuuobameopelttila
alittlepoemaboooooooooooooooobameopelttila
alittlepoemaboooooooooooooooobameopelttila
alittlepoemabbbbbbbbbbbbbbbbbameopelttila
alittlepoemabbbbbbbbbbbbbbbbbameopelttila
alittlepoemaaaaaaaaaaaaaaaaaaameopelttila
alittlepoemaaaaaaaaaaaaaaaaaaameopelttila
alittlepoemmmmmmmmmmmmmmmmmmmmmmeopelttila
alittlepoemmmmmmmmmmmmmmmmmmmmmmeopelttila
alittlepoeeeeeeeeeeeeeeeeeeeeeeeopelttila
alittlepoeeeeeeeeeeeeeeeeeeeeeeeopelttila
alittlepooooooooooooooooooooooooopelttila
alittlepooooooooooooooooooooooooopelttila
alittlepppppppppppppppppppppppppppelttila
alittlepppppppppppppppppppppppppppelttila
alittleeeeeeeeeeeeeeeeeeeeeeeeeeeeelttila
alittleeeeeeeeeeeeeeeeeeeeeeeeeeeeelttila
alittllllllllllllllllllllllllllllllttila
alittllllllllllllllllllllllllllllllttila
alittttttttttttttttttttttttttttttttttila
alittttttttttttttttttttttttttttttttttila
alittttttttttttttttttttttttttttttttttila
alittttttttttttttttttttttttttttttttttila
aliiiiiiiiiiiiiiiiiiiiiiiiiiiiiiiiiiiiila
aliiiiiiiiiiiiiiiiiiiiiiiiiiiiiiiiiiiiila
alllllllllllllllllllllllllllllllllllllllla
alllllllllllllllllllllllllllllllllllllllla
aaaaaaaaaaaaaaaaaaaaaaaaaaaaaaaaaaaaaaaaa
aaaaaaaaaaaaaaaaaaaaaaaaaaaaaaaaaaaaaaaaa

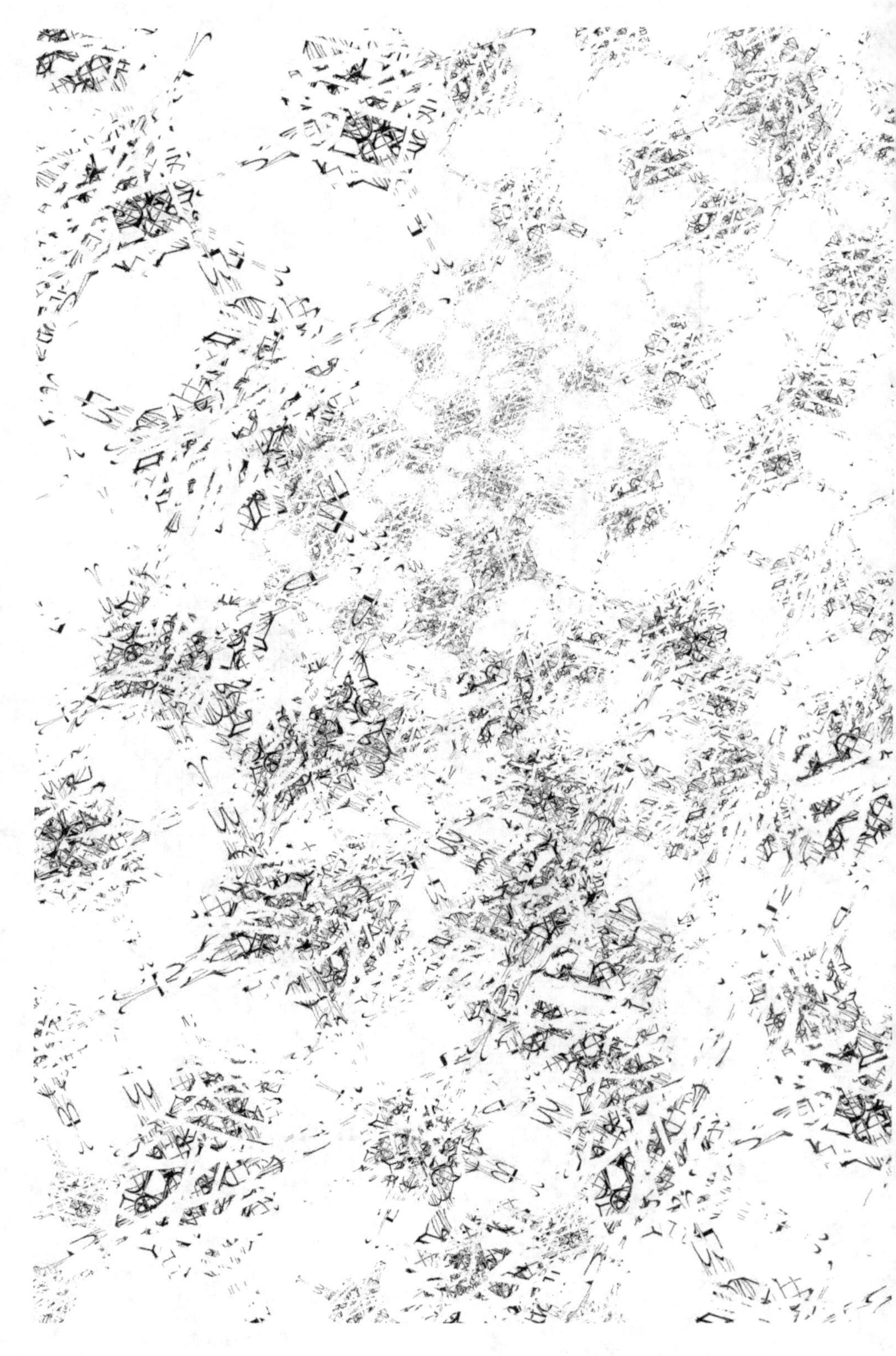

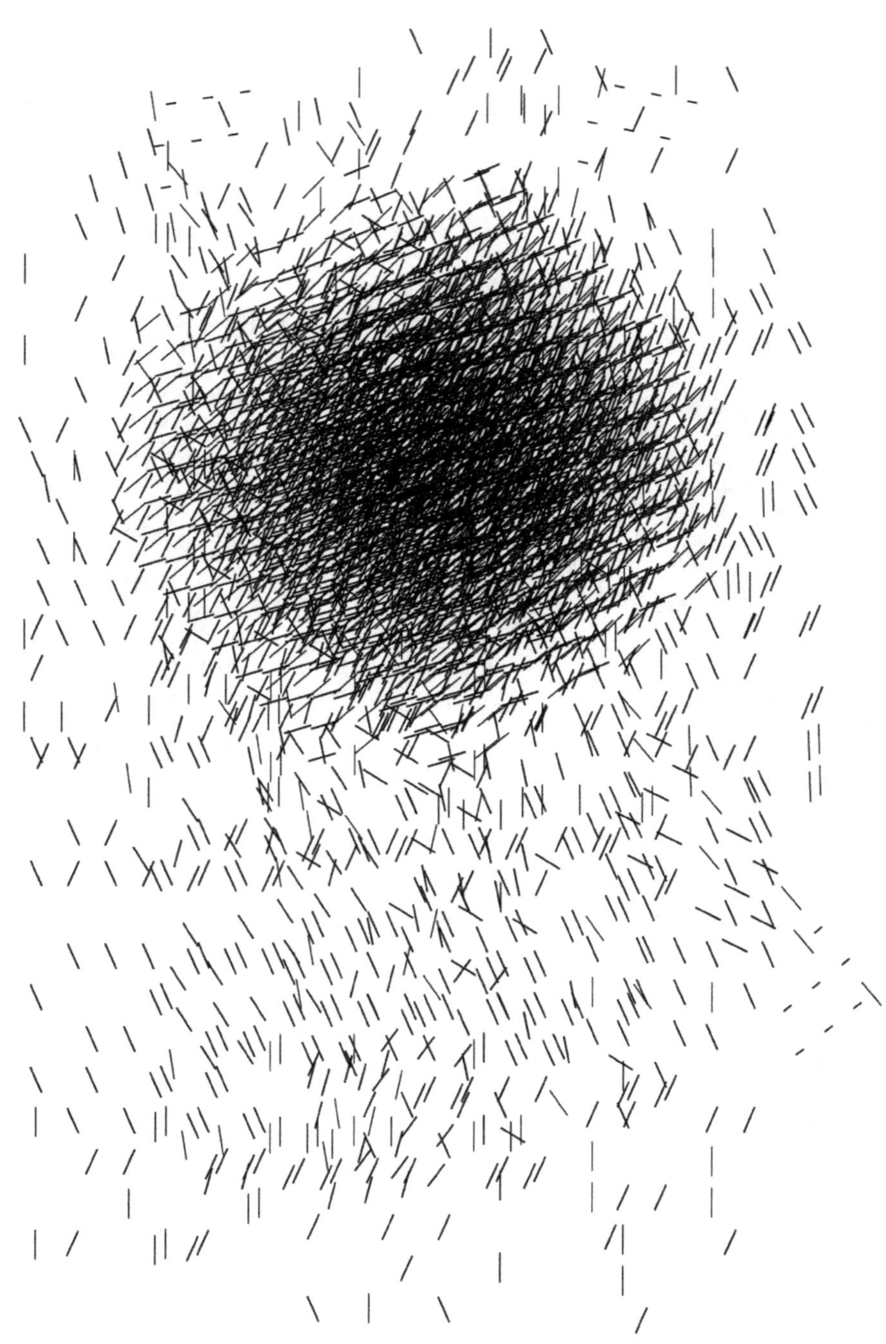

```
aaaaaaaaaaaaaaaaaaaaaaaaaaaaaaaaaaaaaaaa
 lllllllllllllllllllllllllllllllllllllll
a  iiiiiiiiiiiiiiiiiiiiiiiiiiiiiiiiiiiii
  l  ttttttttttttttttttttttttttttttttttt
a   i  ttttttttttttttttttttttttttttttttt
  l   t  lllllllllllllllllllllllllllllll
a   i   t  eeeeeeeeeeeeeeeeeeeeeeeeeeeee
  l   t   l  ppppppppppppppppppppppppppp
a   i   t   e  ooooooooooooooooooooooooo
  l   t   l   p  eeeeeeeeeeeeeeeeeeeeeee
a   i   t   e   o  mmmmmmmmmmmmmmmmmmmmm
  l   t   l   p   e  aaaaaaaaaaaaaaaaaaa
a   i   t   e   o   m  bbbbbbbbbbbbbbbbb
  l   t   l   p   e   a  ooooooooooooooo
a   i   t   e   o   m   b  uuuuuuuuuuuuu
  l   t   l   p   e   a   o  ttttttttttt
a   i   t   e   o   m   b   u  ddddddddd
  l   t   l   p   e   a   o   t  eeeeeee
a   i   t   e   o   m   b   u   d  aaaaa
  l   t   l   p   e   a   o   t   e  ttt
a   i   t   e   o   m   b   u   d   a  h
```

b   o   g   y   i
 l   r   a   r   o
  u   e   m   a   n
  n   s   i   n   s
    t   t f   i   n
     f   o   g   o
       o   t f a   i
        r s   im   t
          e   im   a
         r s f a   r
         o   to   g   a
        f   to   i   p
        t   s f   n   e
       n   e   i   a s
       u   r   m   ry
      l   o   a   ry
    b   f   g a s
   a   t   in   e
   b n   in   p
    lu   g a   a
    lu   a   r   r
  b n   m   y   a
a   t   i   s   t
 b   f   f   e   i
 l   o   o   p   o
  u   r t   a   n
  n   e   t   s
  u   r t   a   n
 l   o   o   p   o
b   f   f   e   i
a   t   i   s   t
 b n   m   y   a
    lu   a   r   r
    lu   g a   a
   b n   in   p
   a   t   in   e
    b   f   g a s
      l   o   a   ry
       u   r   m   ry
       n   e   i   a s
        t   s f   n   e
        f   to   i   p

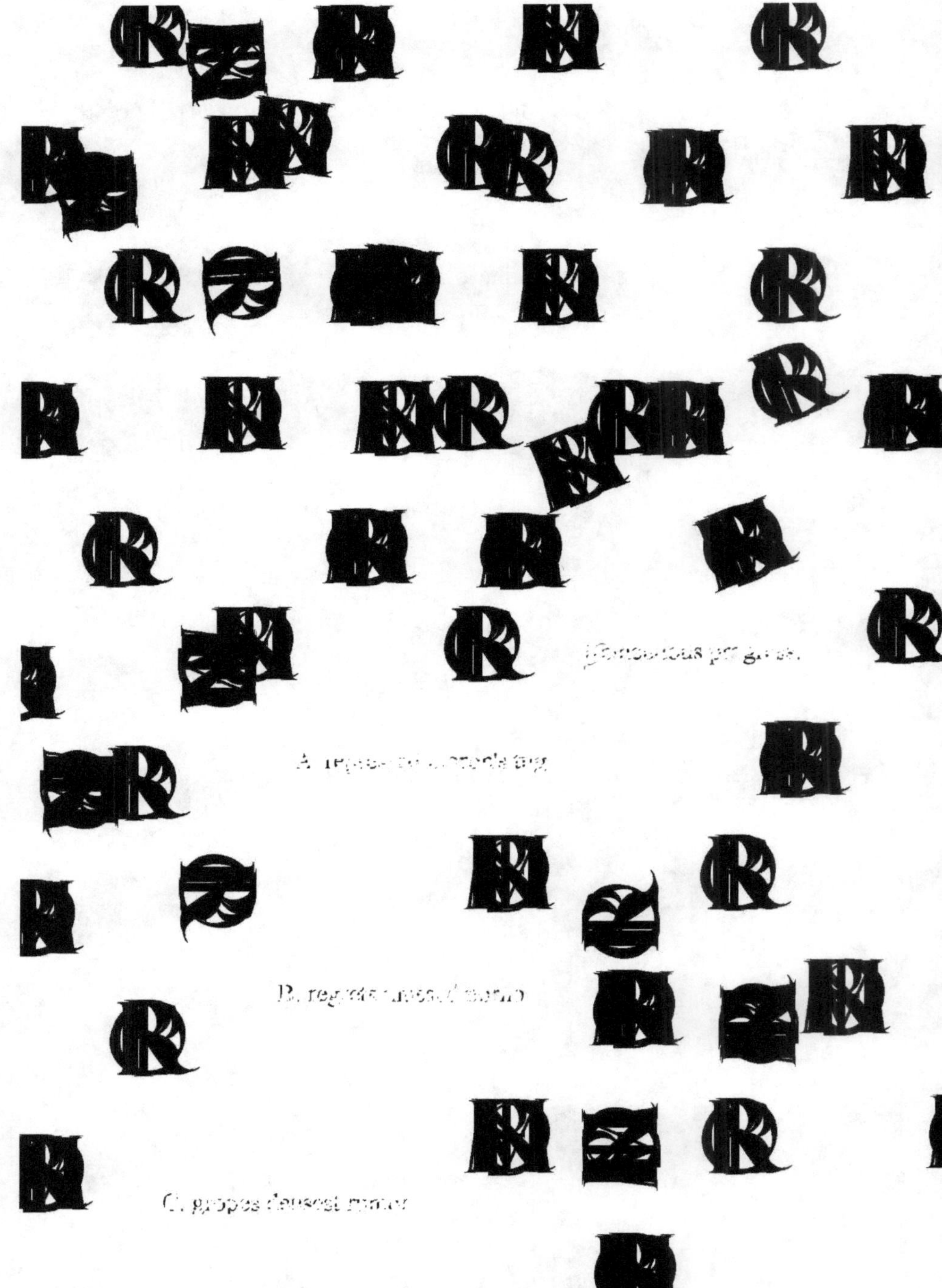

```
                                                      d
r     n                                               d         r
ra    n                                               d     l  a
r v   n a                                             d     l v
r  e  n a                                             d     lev
r   l n a                                             d     lev
r    in a                                             d    ilev
     in an                                            d   nilev
     ingan                                            d  g ilev
     ingan       e                             e     ud a  ile
     ingan       e                             e     udn    le
      nga d      e                             e     ud     l
      nga  u     e n                           e a   u      l
       ga   n    e n                           eva  n
       ga    r   e n                           eva r
       ga     a  e n                           evaar
        a      v e n                           evvar
        a       eein                           ee ar
                 lin                           l  ar
                  in                          i   ar
                  in                         n    a
                  i g                       g
           u      i  eeeeeeeeeeeeeeeeeeeeeeegnileva
            n       gennnnnnnnnnnnnnnnnnnnnegnileva
             r     ngencccccccccccccccccccnegni eva
              a   ingenchhhhhhhhhhhhhhhhhcnegn  eva
           unravelingenchaaaaaaaaaaaaaaahcneg   e a
                elingenchannnnnnnnnnnnnahcne n    a
               velingenchanttttttttttttnahcne  i   a
               velingenchantmmmmmmmmmtnahcneg  l  a
              av lingenchantmennnnnemtnahcnegni e
             r v l ngenchantmentttnemtnahcnegnilev
            n  v l   enchantmentstnemtnahcnegnilevar
           u   v     enc  nt  ntst    nah    nil v r
          d    v     enc  nt  nts     nah    nil v  n
         n           en   nt   ts     n h    n l v   u
        a            e     t    s     n h    n l      d
                     e     t          n h      l       n
                     e                n        l        a
                     e                n
                     e
                     e
```

aaaaaaaaaaaa
aaaaaaaaaaaa

apoemabou
apoemabou

aaaaaaaa aaaaaaaa

yyyyyyyyyyyyyyyyyyyy
yyyyyyyyyyyyyyyyyyyy

emory
emory

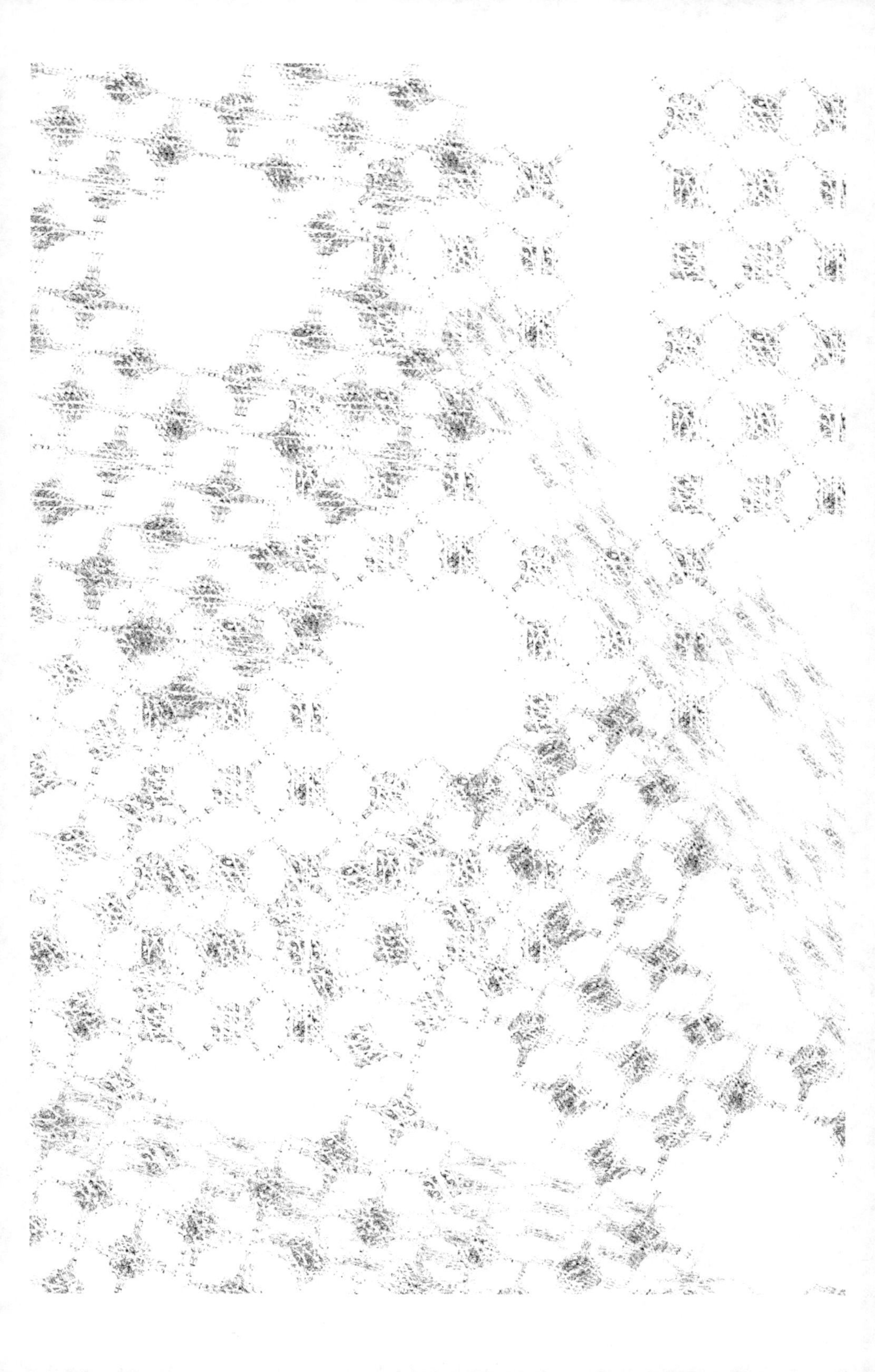

                                         s
                                    a   c
                                   lal r
                                  i ali
                                 ti amit
                                tti slitts p
                               ttt salit l o
                              ltt s al ti e   s
                             e tts al t m pp   c
                            p ts   alttm opo   r
                           op st   al m e p e i
                          eop stt   e mtm p m
                         meops tt p m m   p m s s s
                        mmeos tt o m mt   pm c c c   p
                       m mesp t e am t   m r r r   o
                      m msop tm   ml t mpi i iri e
                     m   seop m   mal t m m m m rim
                    m   sm op mt m al ts sps s rmms
                   mm s m opm t m a s s s s   mims
                  mmm s m om tm   a sts sps   mrims
                 mmm s   mp m   s sts sp   m rims
                mmmms   mop mt   s st sp m rics
               mmmms   m pm t   sas t s p m   rrms
              m mms   m   m t s s ts pm   ii s
             mm msm   m   mp   s sa s   m   mri s
            mmm smm   m   m p   s s a st mp   s ri s
            mmms mm m   m p s s as t m p s ri s
            mms   m m   m   s s   s tm p s   ri
            ms   mm   m   s s   sa m   ps   ri
            sm   m   m   s s   s a mt   s   ri
           smm   m   m   s s   s am t sp   ri
          s mm m   m   s s   s   m t s p   r
         s mm m   m   s s   s   ma s p   r
        s   mm   m   s s   s m a s   p   r
       s   m m   s s s   m a s   p   r
      s   mm m   s s   s   m   as   p   r
     s   m m m   s s   s   m   s   p r
    s   m mm   s s   s   m   sa   r
         m   m   s s   m   s a   r
        m   mm   s s   m   s a   r
       m   m   s s   m   s   a   r
      m   m   s s   m   s   a r
     m   m   s s   m   s   a r
    m   m   s   m   s   r
   m   s   m   r
  m   s   m   r
 m   s   r
m   s
           s

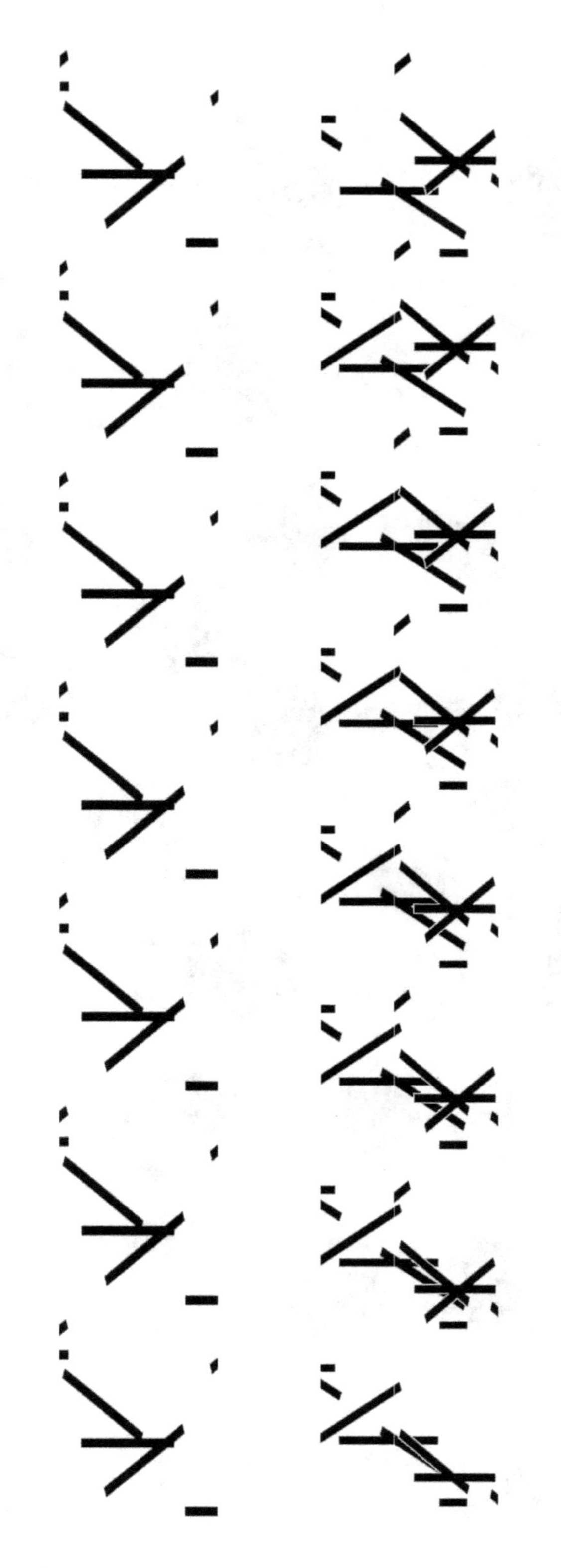

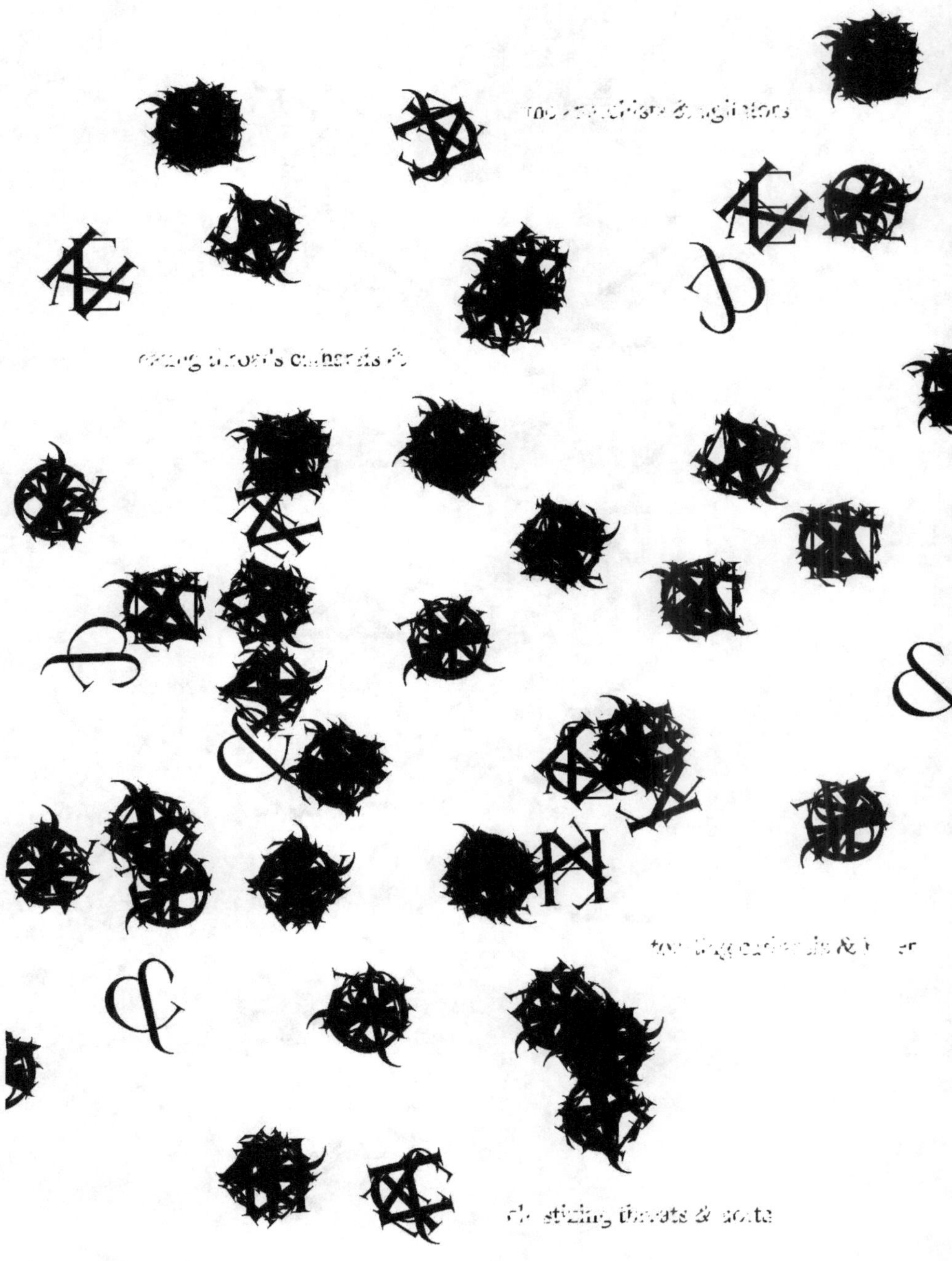

the ... christs & gladiators

c...ng throat's catharsis &

tor... cathedrals & ...er

ch... stizing threats & aorta

& aorta's straightest chain

f a
o f f a a l
y o o f f a a l l i
p y y o o f f a a l l i i t
o p p y y o o f f a a l l i i t t t
n o o p p y y o o f f a a l l i i t t t t
a n n o o p p y y o o f f a a l l i i t t t l e
c a a n n o o p p y y o o f f a a l l i i t t t l e p
e c a c a n n o o p p y y o o f f a a l i i t t t l e p o e p
he c c a a n o o p p y y o o f f a a i i t t t l e p o e p o
the he c c a a o o p p y y o o f a a i i t t t l e p oem e p oe
the the c c a a o o p p y y o o a a i i t t t l e p oem e p oem
the the c c a a o o p p y y o o a a i i t t t l e p oem e p oem
the the c c o o p p y y o a a i i t t t l e p oem e p oem
the the c c o o p p y y a a i i t t t l e p oem e p oem
t e the c c o o p p y y a a i i t t t l e p oem e p oem
t e t e c c o o p y y a a i i t t l l p oem e p oem
t e t e c c o o y y a a i i t t l l p oem p oem
t e e c c o o y y a a i t t l l p oe p oem
e e c c o o y y a t t l l p p oe
e e c c o o y y t t l l p p e e
e c c o y y t t l l p p e e
c c y y t t l l p p e
c y y t t l l p p
y y t t l l p p
y y t l l p p
y y l l p p
y l l p p
l l p
l l
l l
l l
l l
l

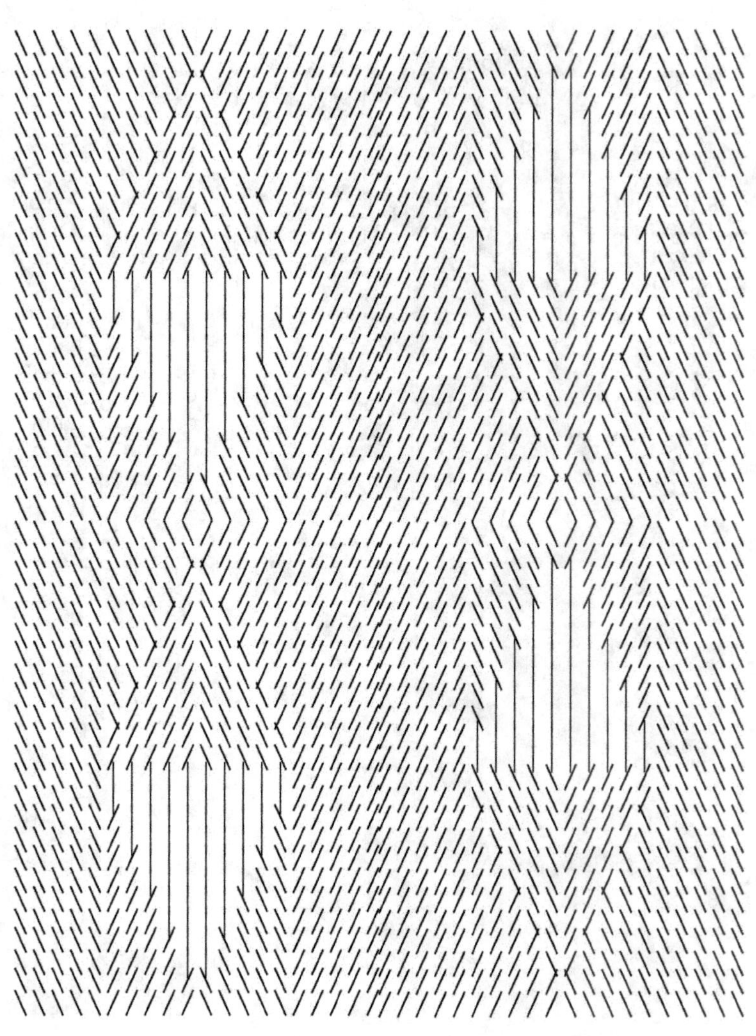

a l i t t l e p o e m a b o u t d e a t h
l a l i t t l e p o e m a b o u t d e a t
i l a l i t t l e p o e m a b o u t d e a
t i l a l i t t l e p o e m a b o u t d e
t t i l a l i t t l e p o e m a b o u t d
l t t i l a l i t t l e p o e m a b o u t
e l t t i l a l i t t l e p o e m a b o u
p e l t t i l a l i t t l e p o e m a b o
o p e l t t i l a l i t t l e p o e m a b
e o p e l t t i l a l i t t l e p o e m a
m e o p e l t t i l a l i t t l e p o e m
a m e o p e l t t i l a l i t t l e p o e
b a m e o p e l t t i l a l i t t l e p o
o b a m e o p e l t t i l a l i t t l e p
u o b a m e o p e l t t i l a l i t t l e
t u o b a m e o p e l t t i l a l i t t l
d t u o b a m e o p e l t t i l a l i t t
e d t u o b a m e o p e l t t i l a l i t
a e d t u o b a m e o p e l t t i l a l i
t a e d t u o b a m e o p e l t t i l a l
h t a e d t u o b a m e o p e l t t i l a

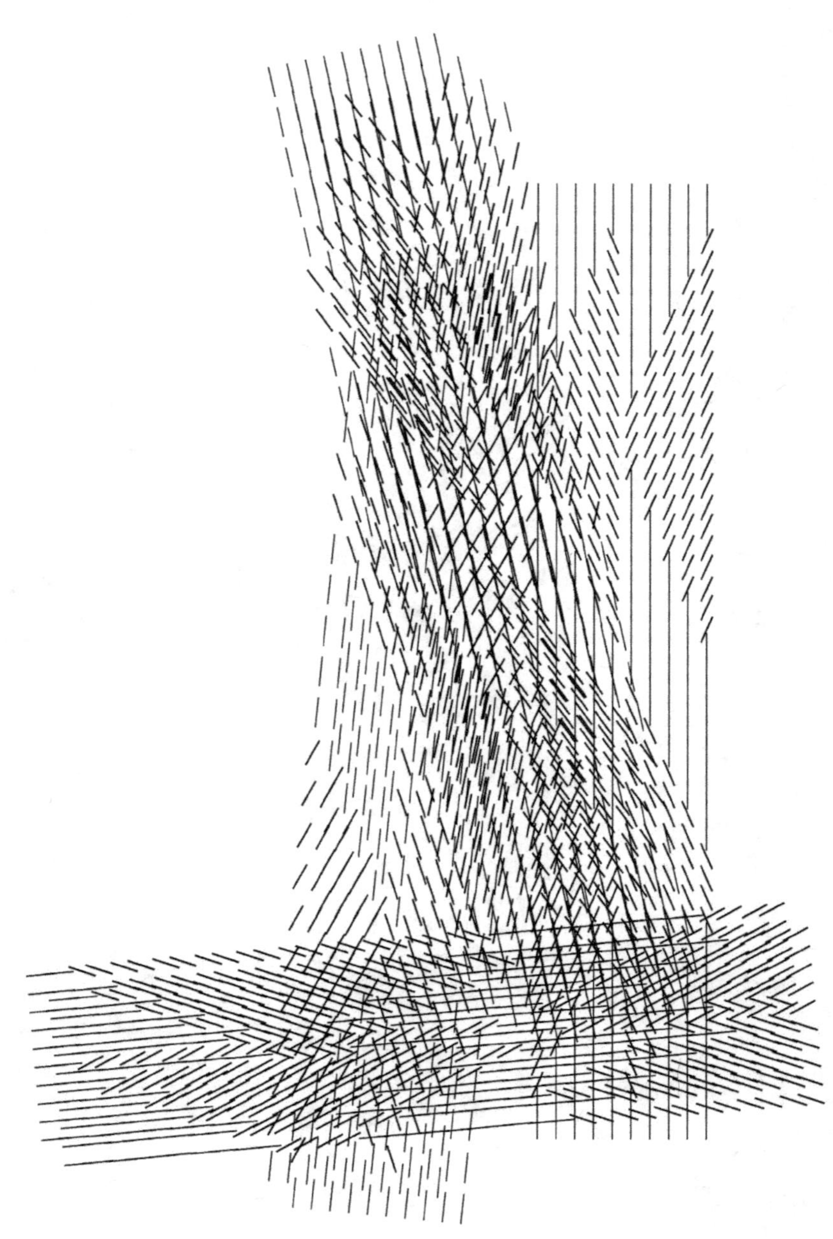

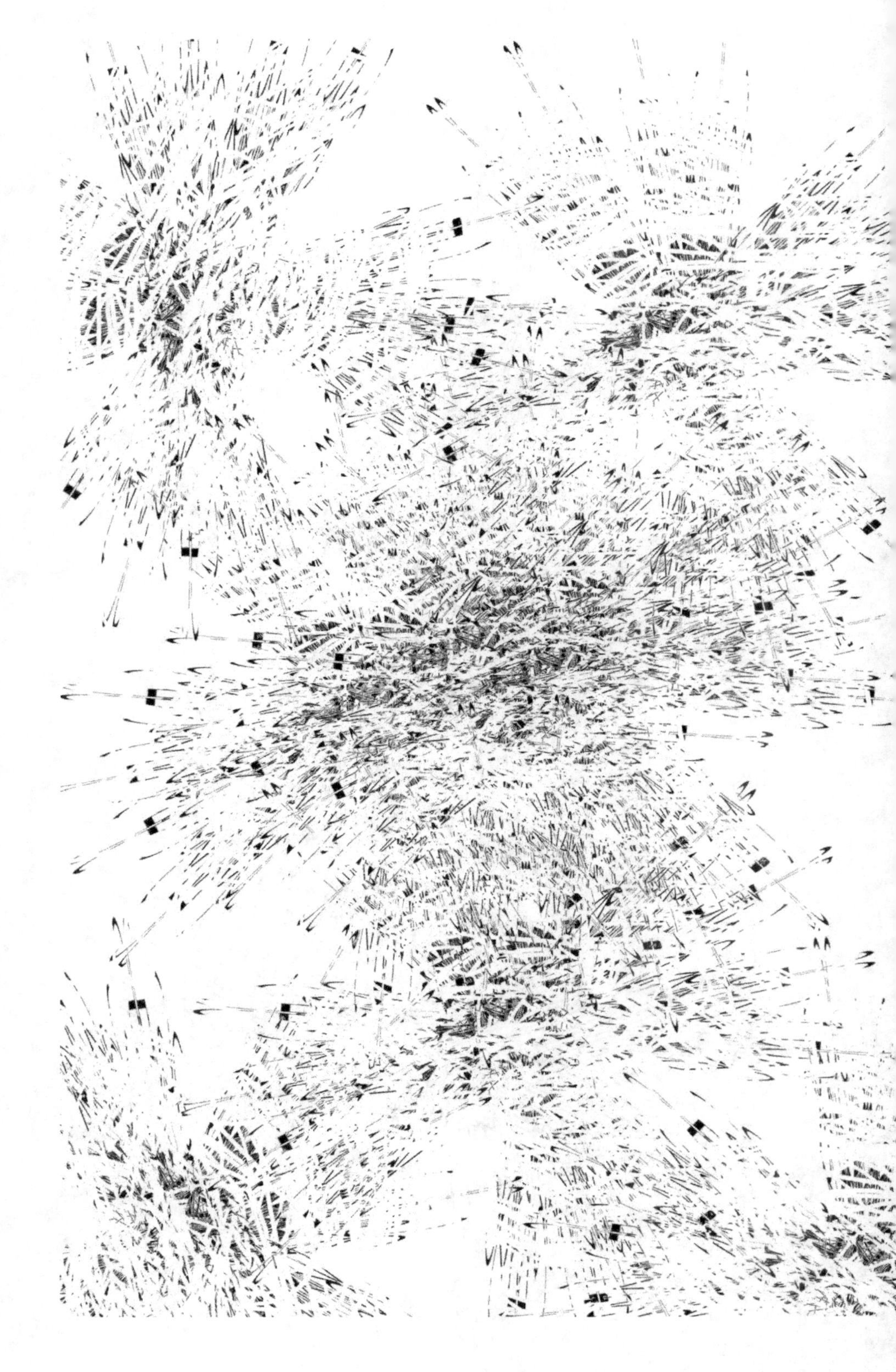

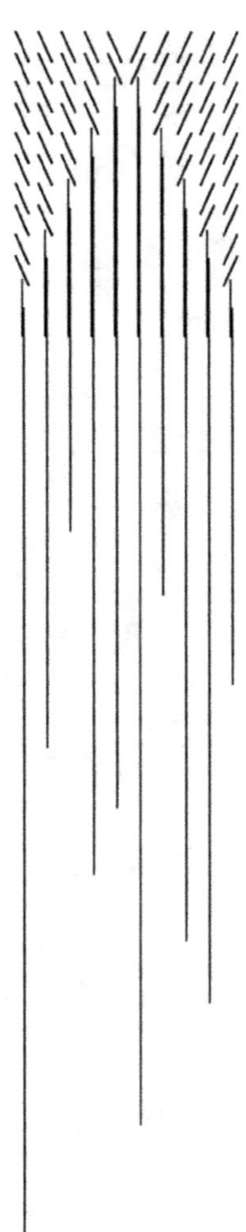

```
alittlepoemaboutleaning
a l    p em bou leaning
a l i     m b u lea ing
  l i t   m   u l a  ng
  l   t t     u l a  ng
  l   t t l     l     g
      t t l e         g
        t l e p       g
        t l e p o     g
        t l e p o e
          l   p o e m
          l   p o e m a
          l   p o    m  b
          l     o    m  b o
          l     o    m  b o u
          l          m  b o u t
          l          m  b o u t l
          l             b   u   l e
          l             b       l e a
                        b       l     n
                                      n i
                                      n   n
                      alittlepoemaboutleaning
                      alit le oemabo tlean ng
                       lit l   em bo  l an n
                       li  l   em b   l a  n
                       l       em     l
                       l       e
                               e
```

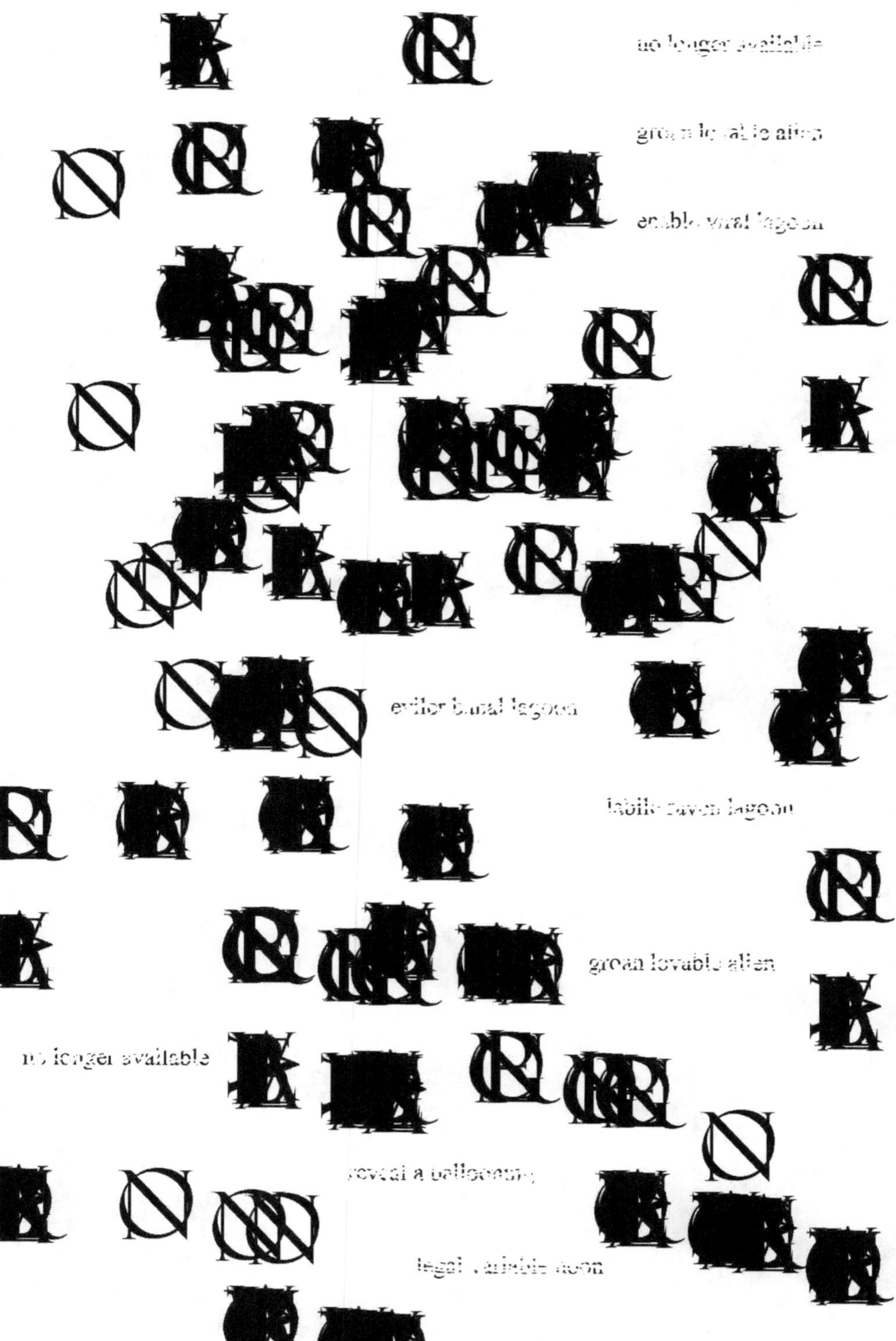
groan lovable alien
no longer available

```
death
  b                 little
 poem          d  i   i       l
  u  d  little p t   t  l   little
little  i    about   t  i    t  i
   p about    t e l  little  t  t
 about   t    h m e   e  t    l  t
   e h   l               little  l
poem   poem        little       e
o      o             i
e    poem          little
m    o m             t       l
     e               little  little
  poem               e   i    t
  o                      t    t
poem                     t   little
o m                  l  little
e                   little
m                    t
                     t
                     l
                    death
                    e
                  death
                  e t
                d a h
                e t
              death
              e t
              a h
              t
              h
```

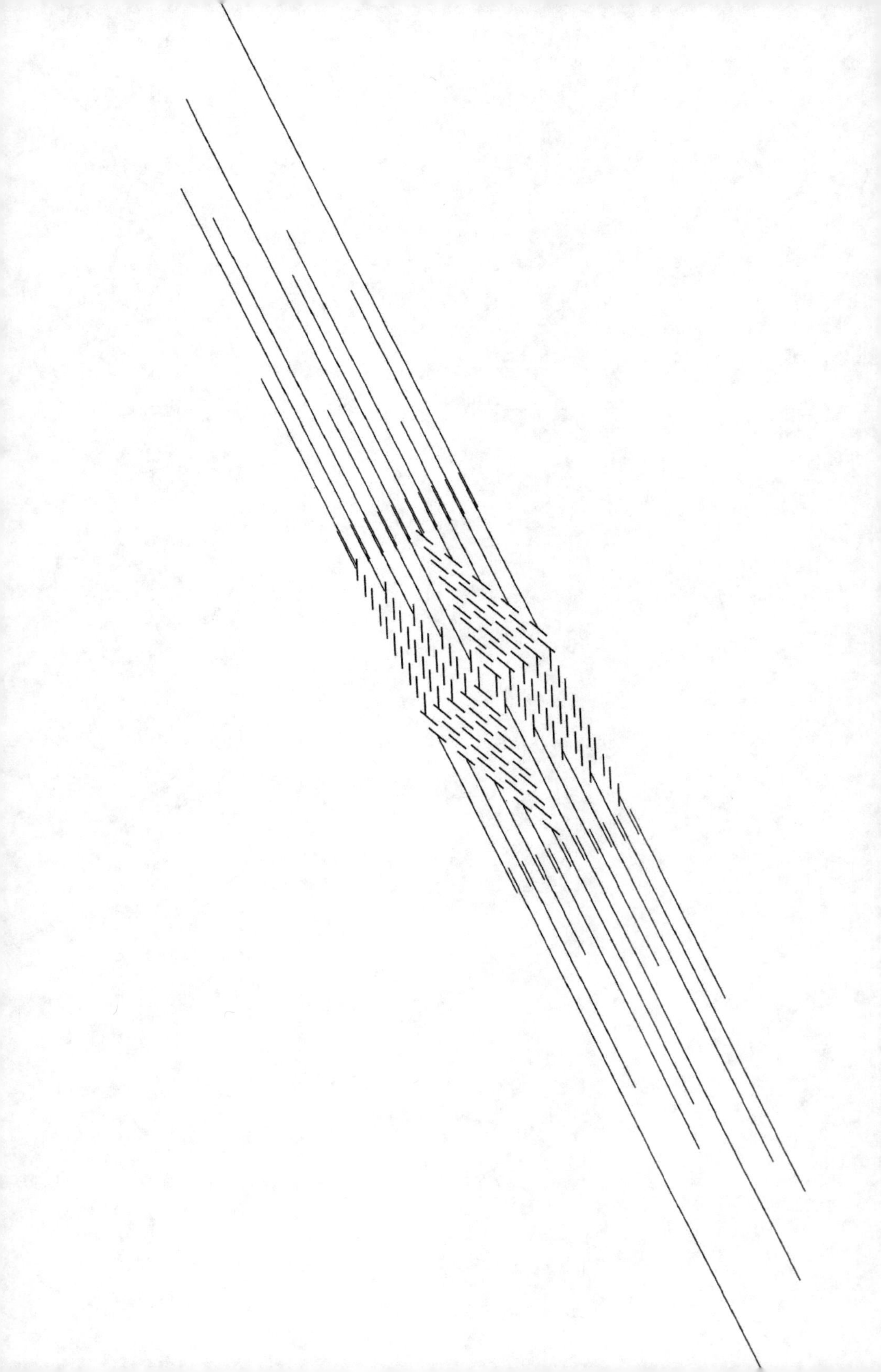

the wai is ov

is earth we

vis hea we

ow theist re

es v th ath

i a oads ew

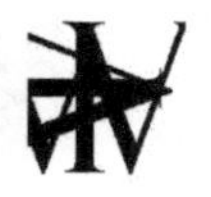
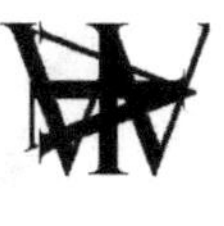
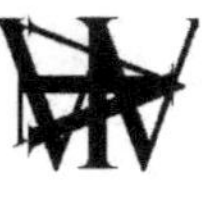
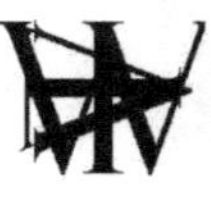
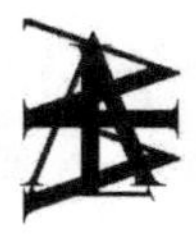

g
n
i
n
a
e
l
m
e
o
p
a l i t t l e p o e m a b o u t l e a n i n g a
l
i
t
t
l
e
p
o
e
m
l
e
a
n
i
n
alittlepoemaboutleaning

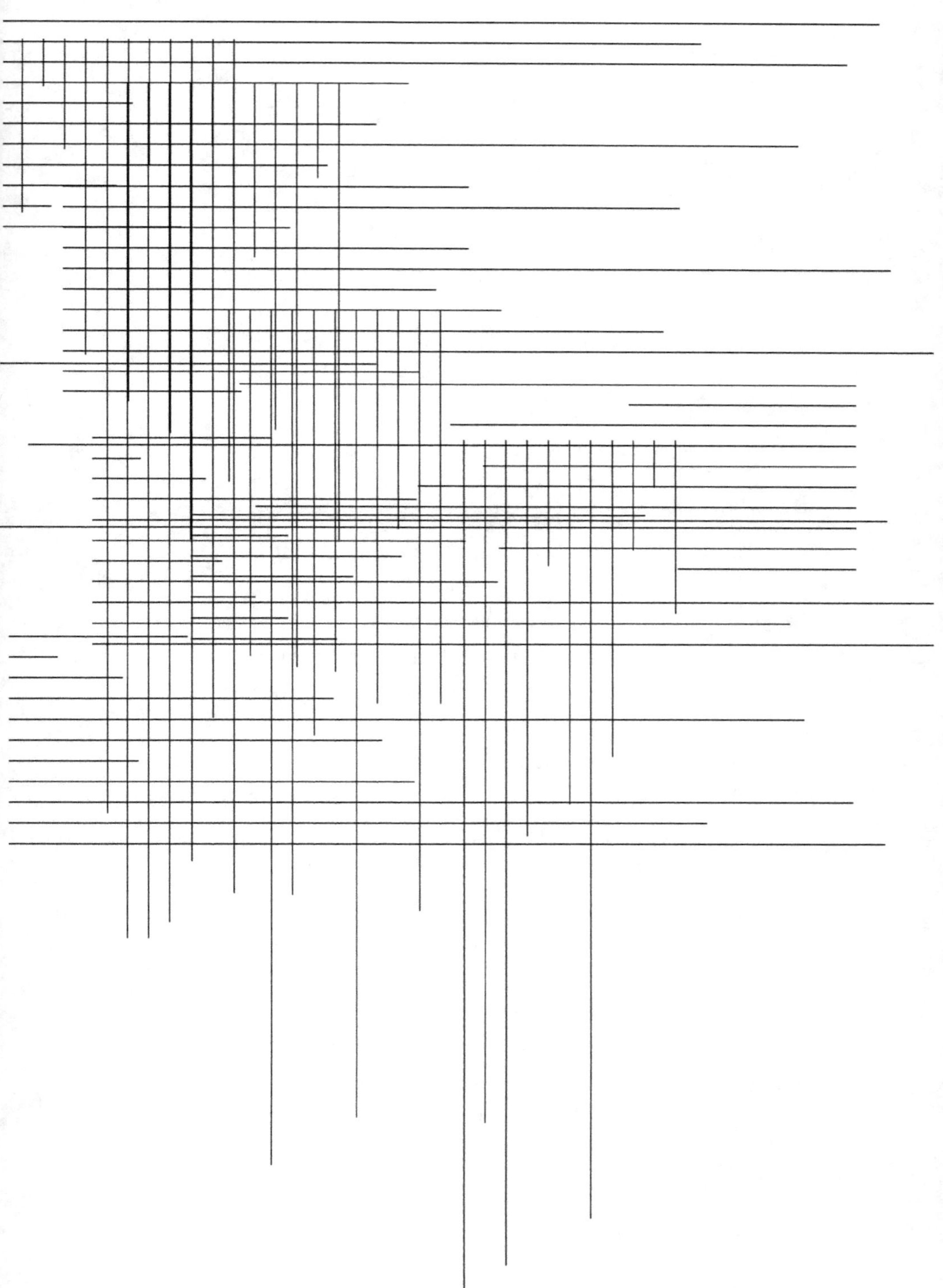

a poem about little death
a death poem about little
death about a little poem
about a little death poem
a little poem about death
poem about death a little
little death about a poem
little about a death poem
about a little death poem
little about a death poem
a little poem about death
a poem about little death
death about a little poem
little death about a poem
a death poem about little
poem about death a little
little about a death poem
a poem about little death
little death about a poem
a death poem about little
poem about death a little
death about a little poem
a little poem about death
about a little death poem
poem about death a little
about a little death poem
a death poem about little
little about a death poem
little death about a poem
a little poem about death
death about a little poem
a poem about little death

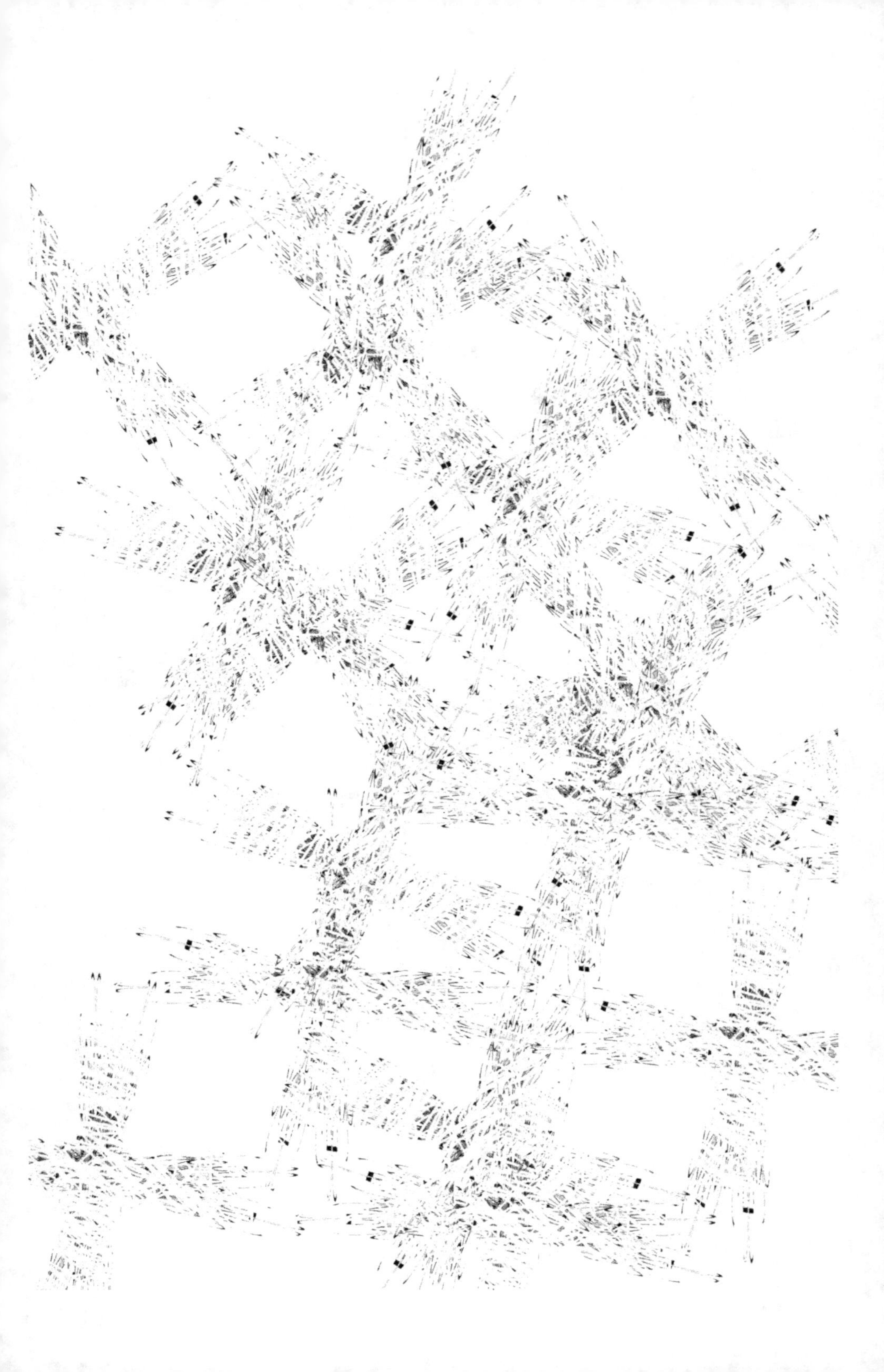

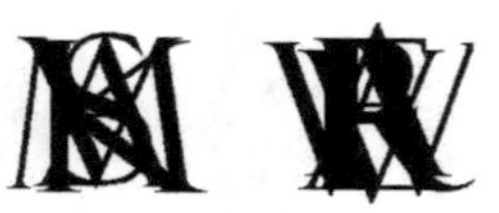
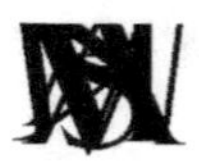
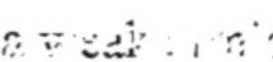
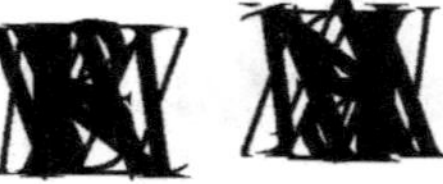
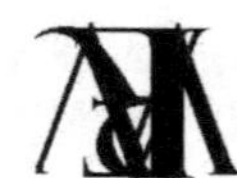
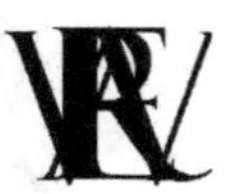
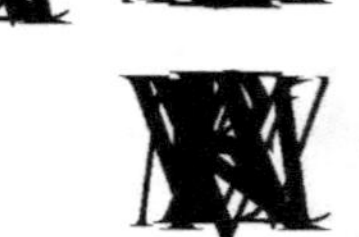
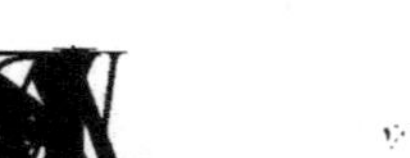

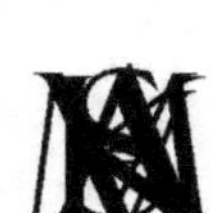
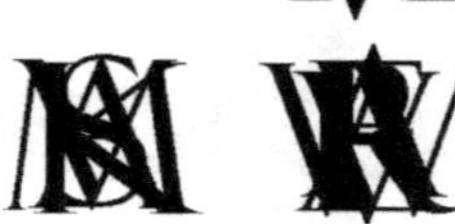

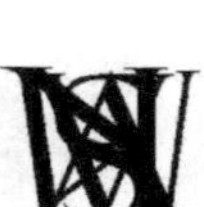
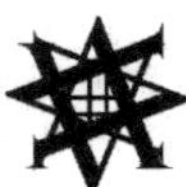
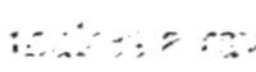
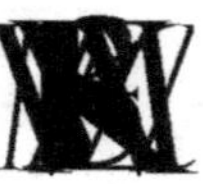
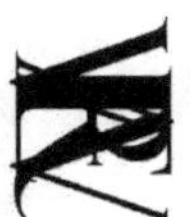
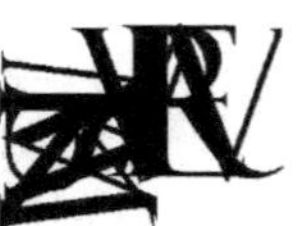
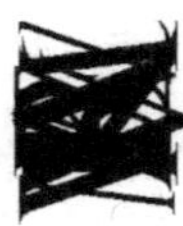
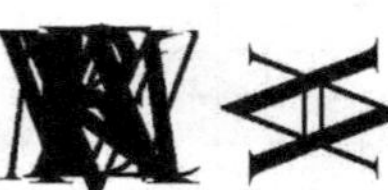
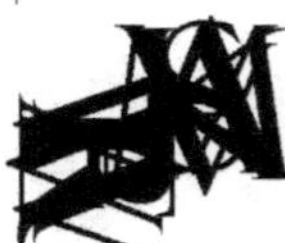
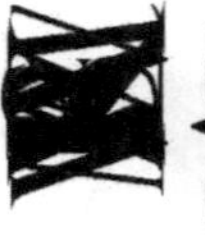
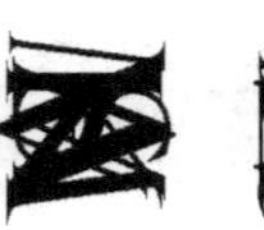
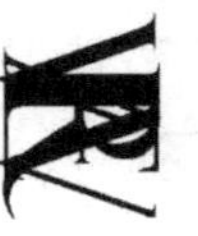
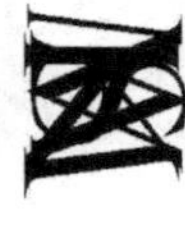
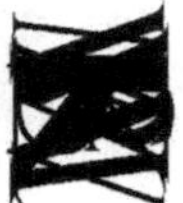
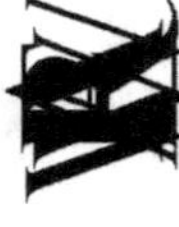
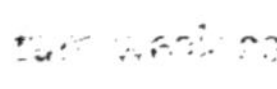
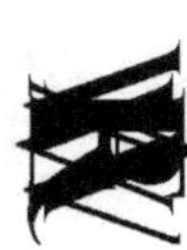
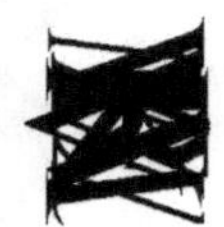
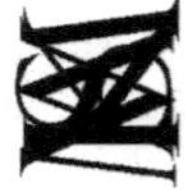
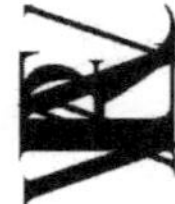
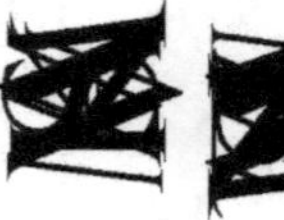
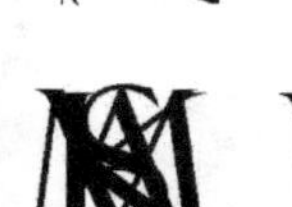
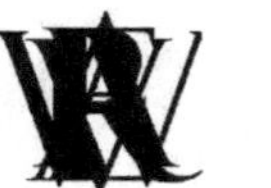
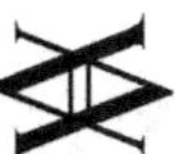
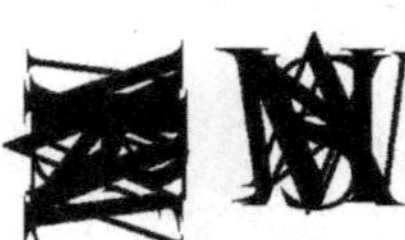
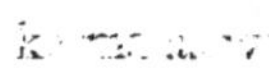
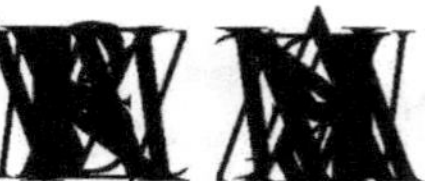
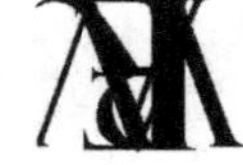
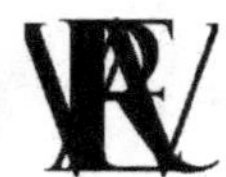

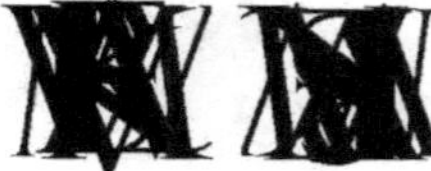
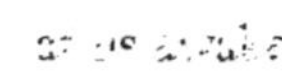
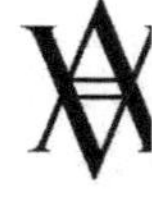
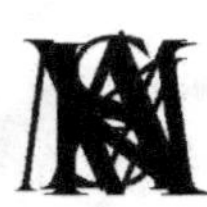

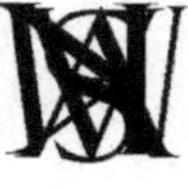

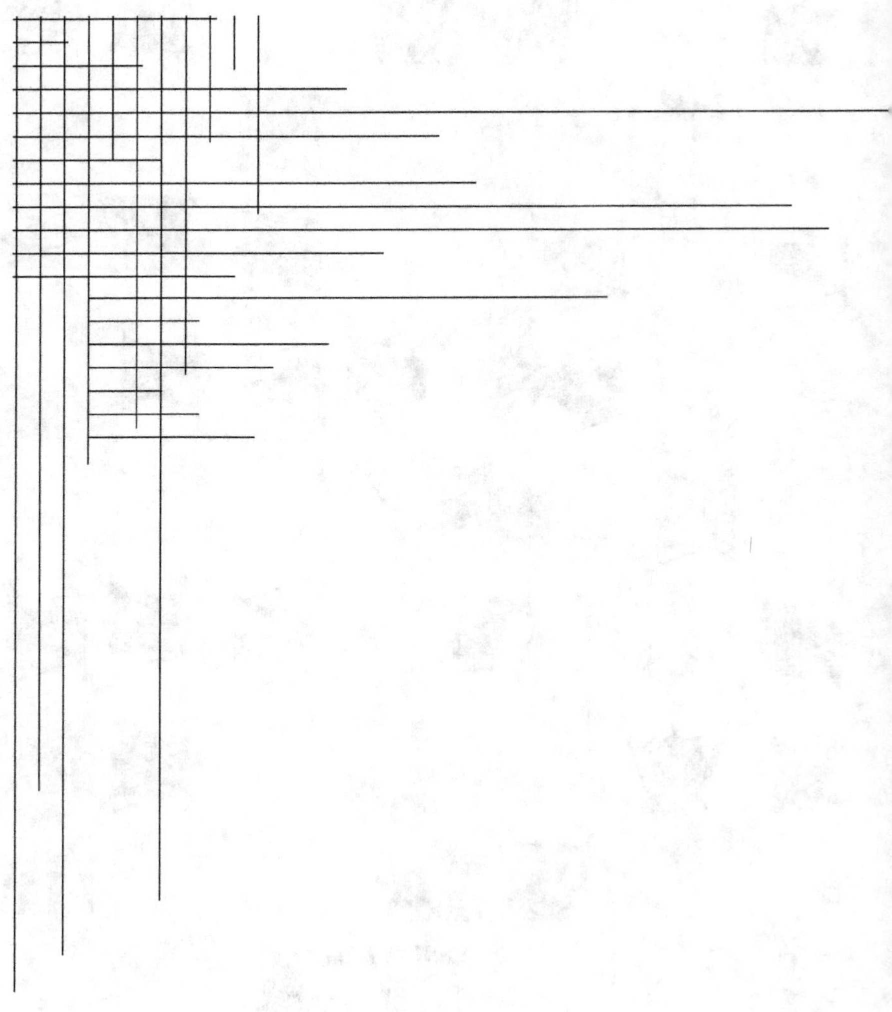

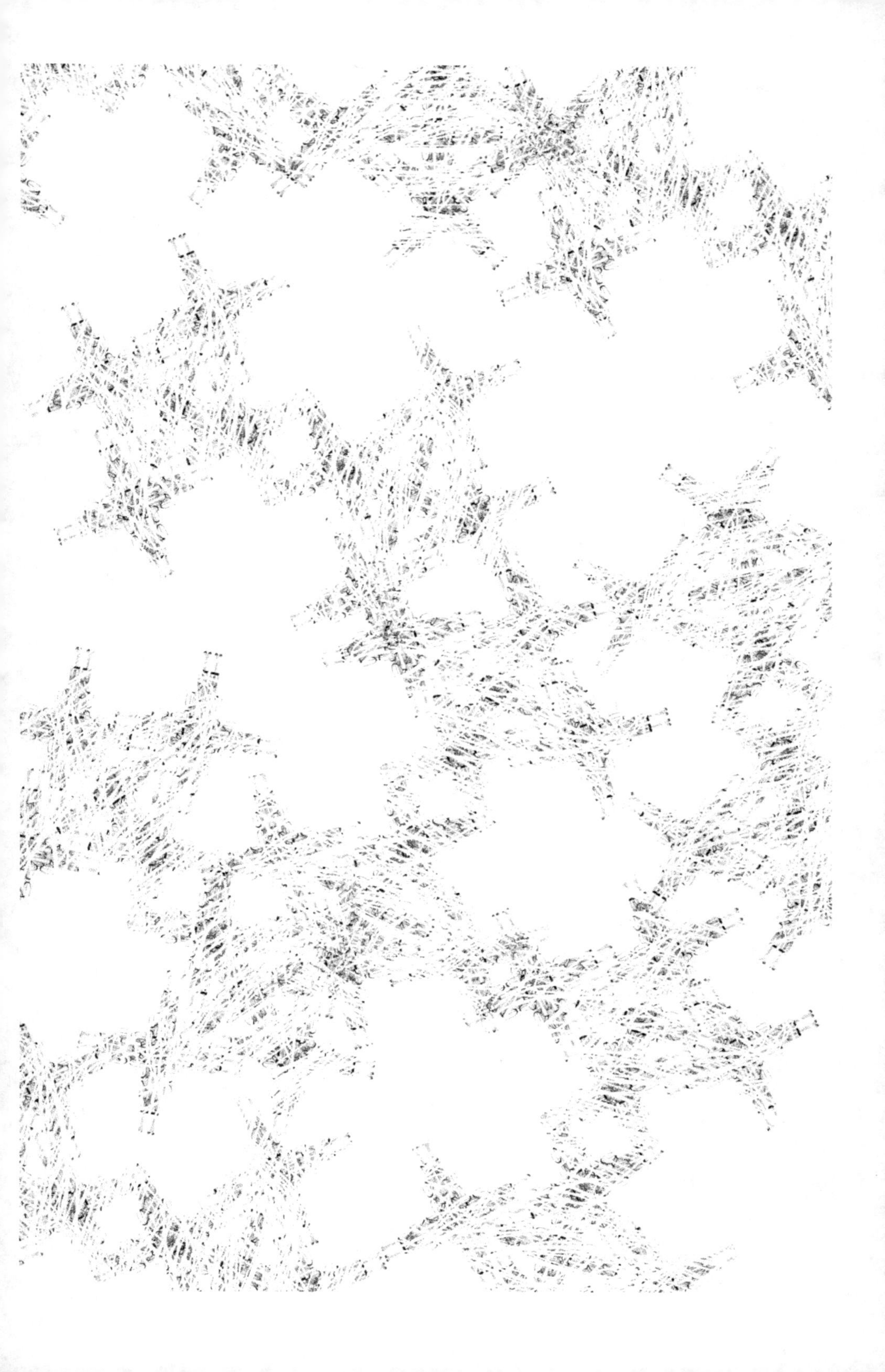

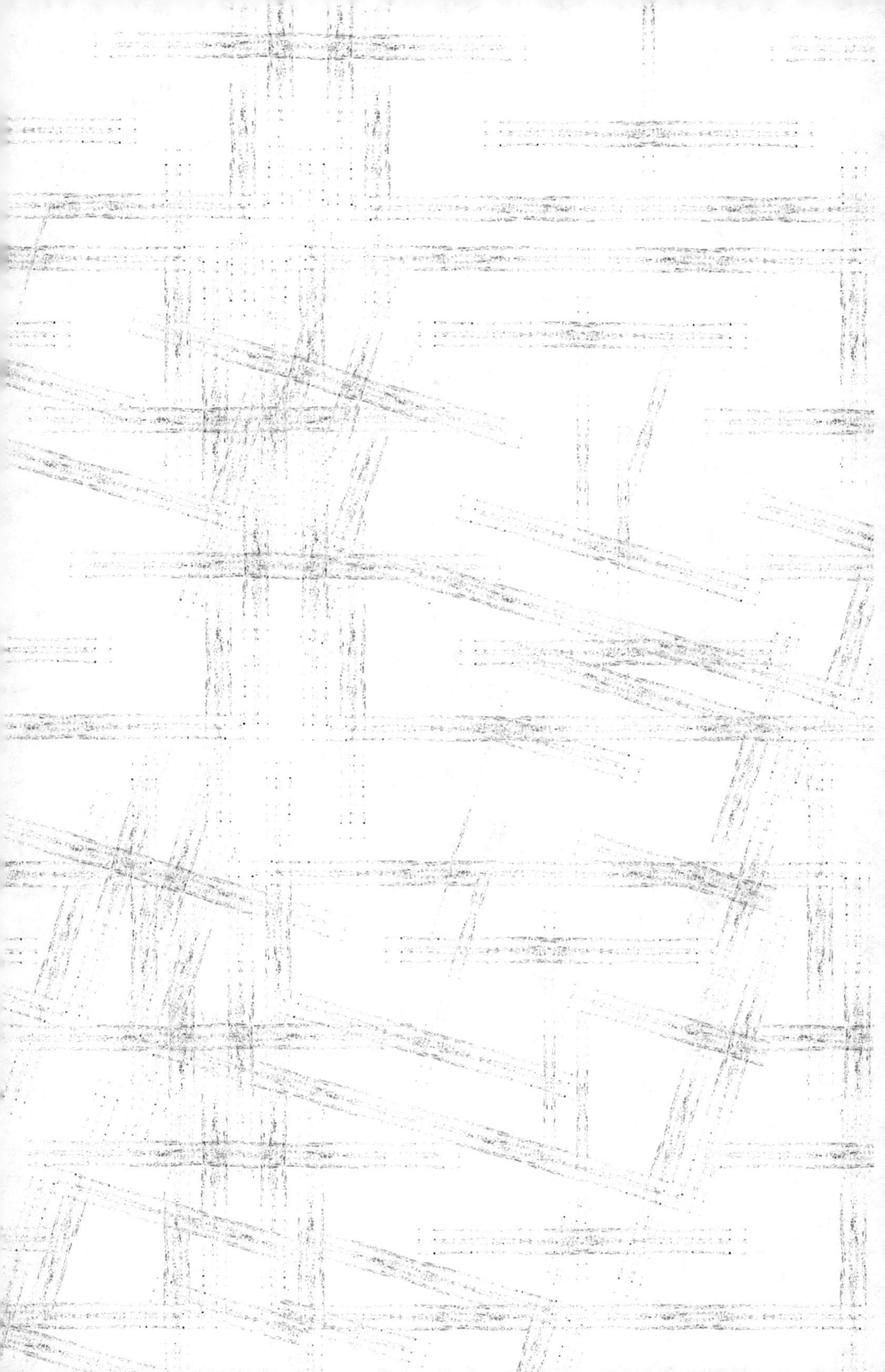

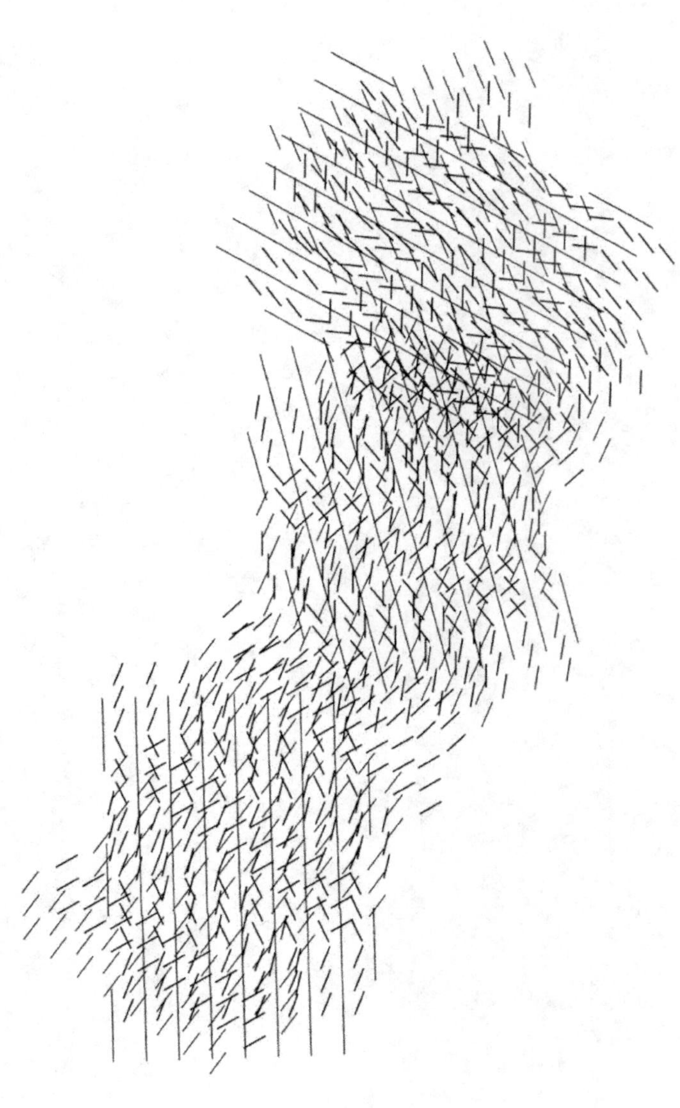

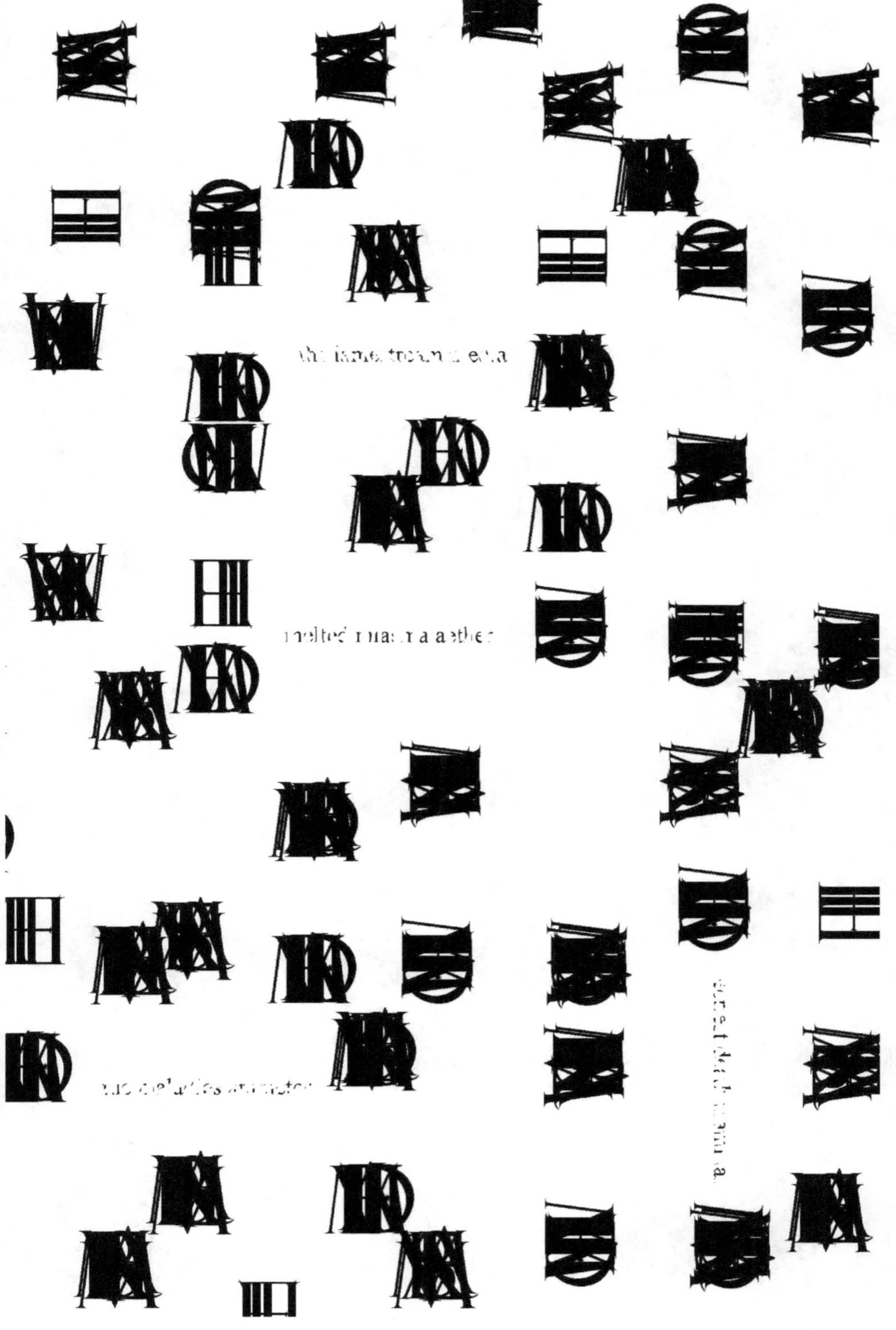

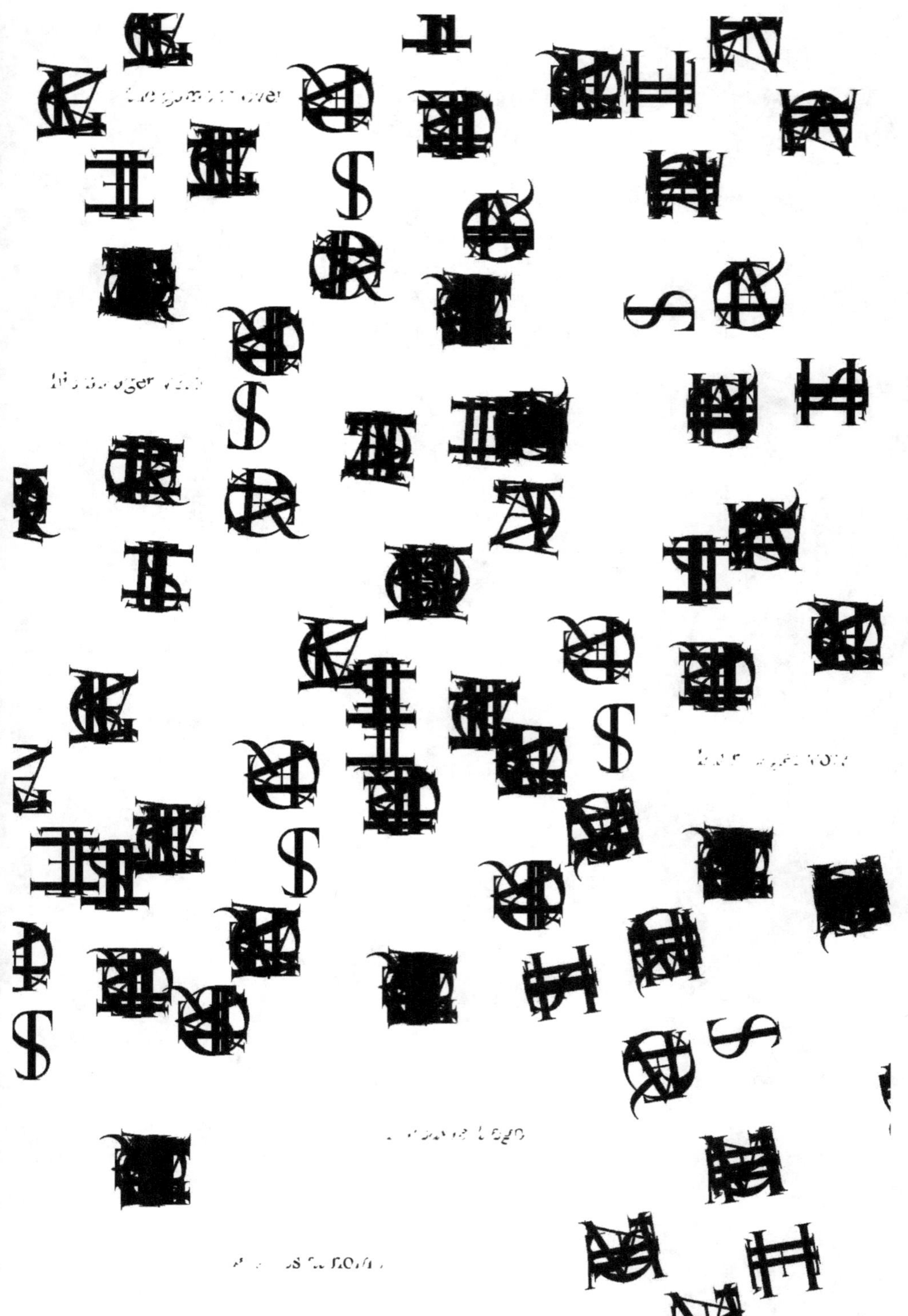

a w   s   d n   d
 fe   t   e i   n
  fe   h   d d   i
  a w   g   i e   w
   f t u   a d   n
     e ho   r i   i
      w ho   b a   d
        t u   s r   e
       w h g t b   d
       e   o h s   i
      f   ug t   a
      a   ugh s r
       f   o gh b
        e h u   ts r
        wt o   ts a
        wth   h b i
      e th g   r d
    f w ou   a e
   a e   ou   i d
   f   h g   d i
  a e t   h   e n
  f w   t   d w
   e t   s   i i
 f w h   b   n n
a   t o   r   w d
 f   h u   a   in
   e   o g   i   in
   w   u h   d   w d
     t   g t   e n n
      h   h s   di i
        o   t b   di w
         u   s r   e n
          g   b a d i w
          h   r i d   i
           t   a de   n
           s r ide   d
             b a d d   n
            s r   e i i
            t b a d nw
           h s   i   inw
         g t   d in i
        u h   ed w n
      o g   ed i d
      h u   d i   n
    t o   i   n i d

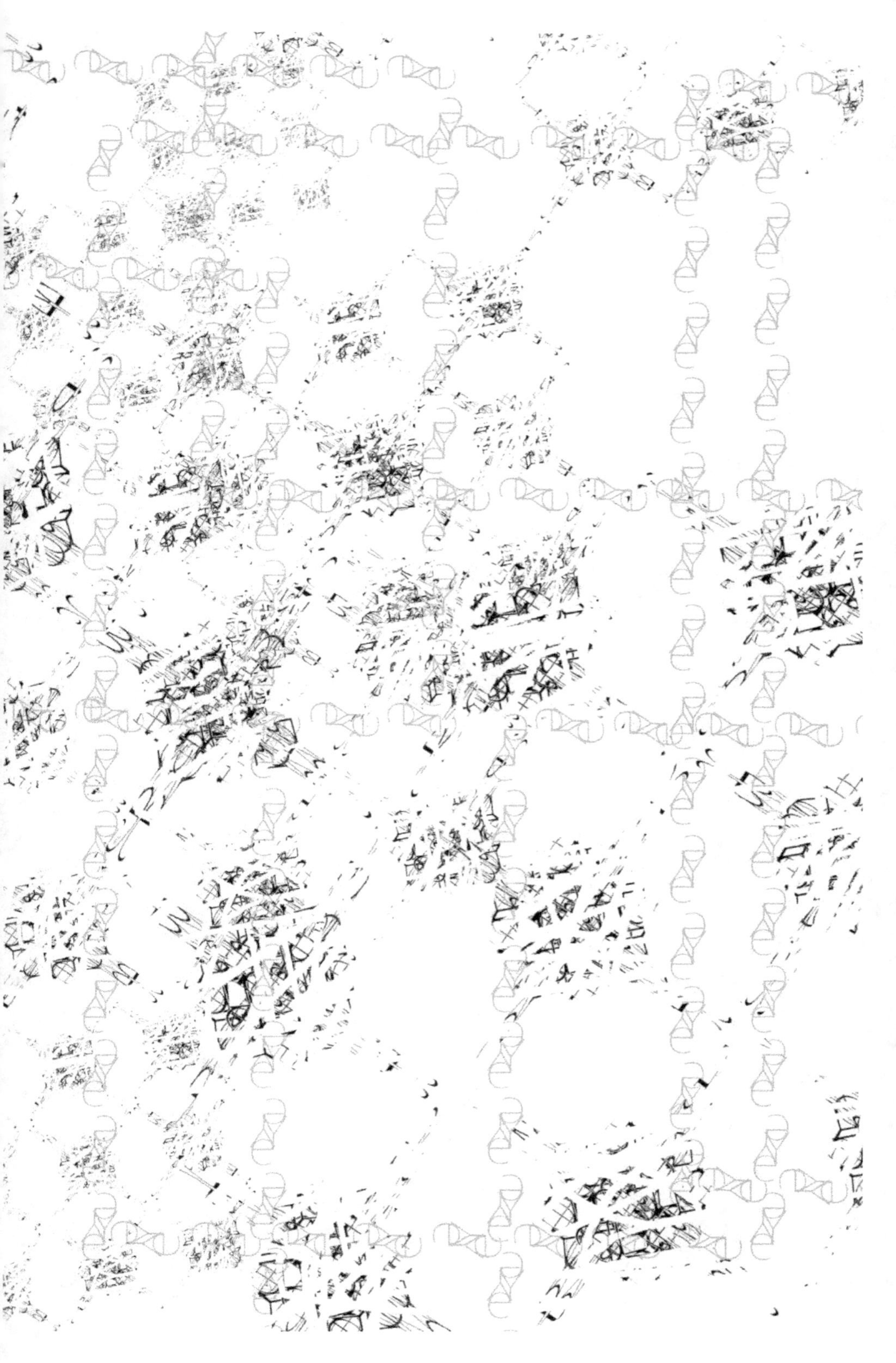

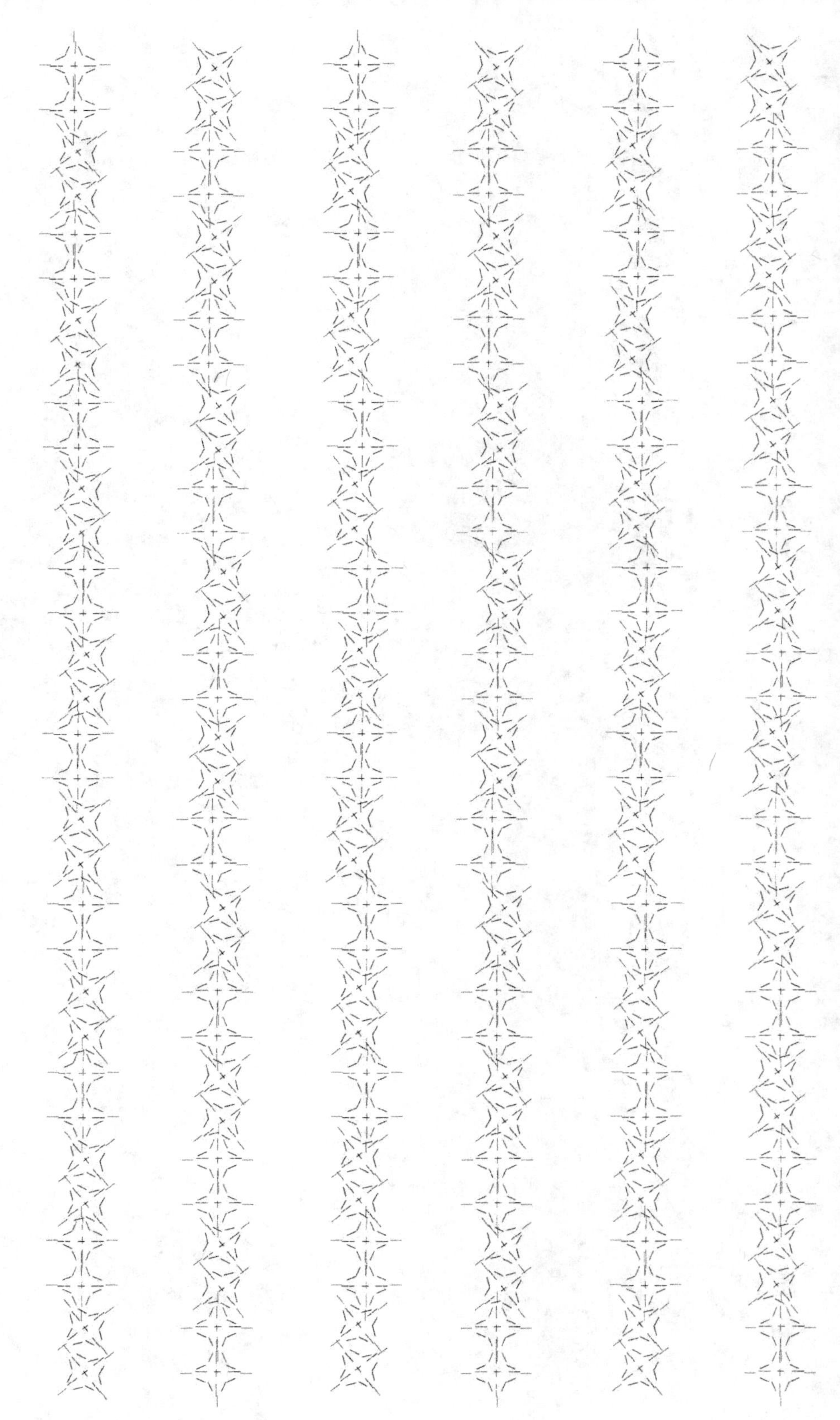

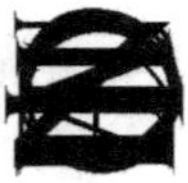

[illegible]ation, not [illegible]

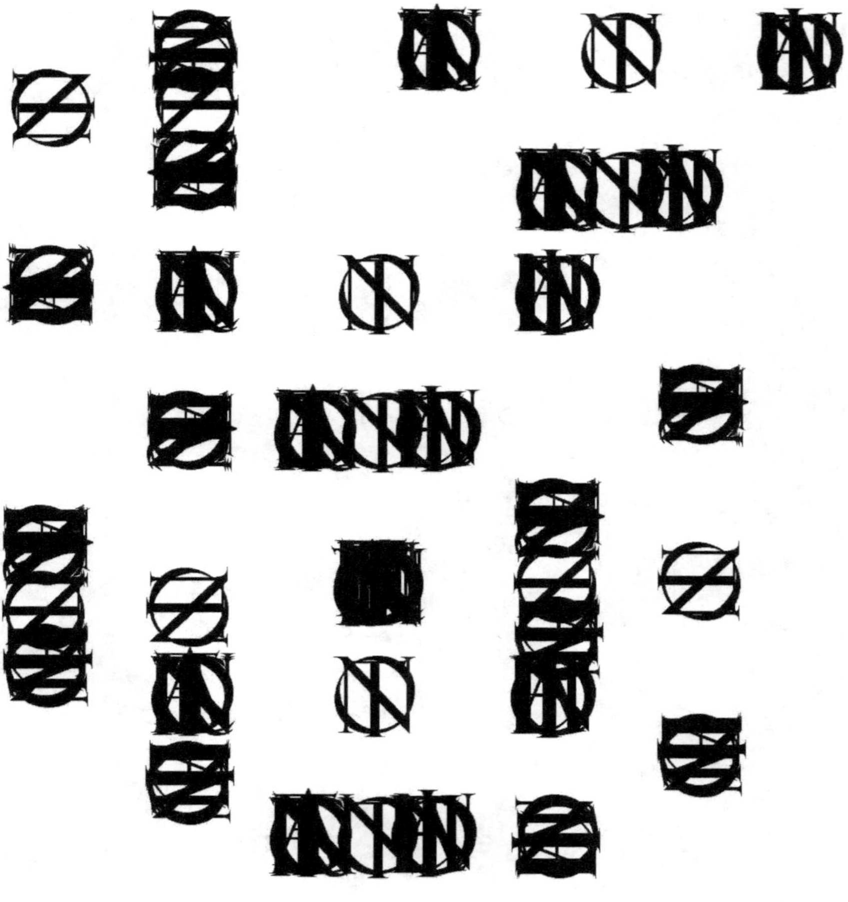

[illegible]

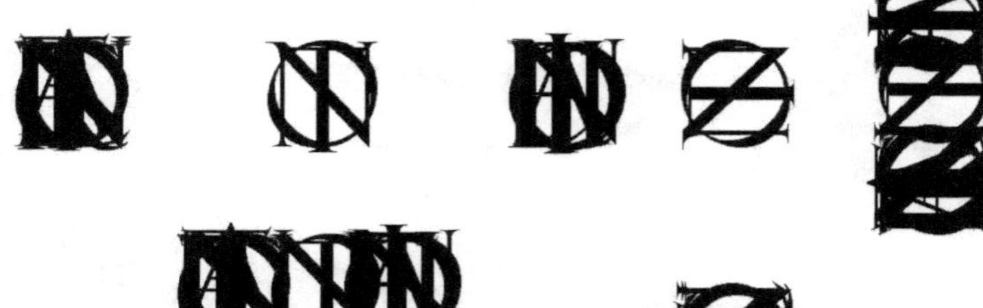

[illegible]-conditioned to[illegible]

a   ep   d   i   g
 l   l o   r   n   n
   i t   e   i   t   i
     t   m   f   o e
    i t   d   t   b
  l   l   r   s   o e
 a   e   i   i t   i
 l   p   f   n   n
  i   o   t i t   g
    t   e   s   o   n
     t   m   t i   b i
       l   d f   n   e
       e   ri   t b i
        p   ri   o   n
        o d f   t b   g
          em   t n   e n
          em   si   i
         o d   si   e n
       p   r t n b   g
       e   if   to   n
      l   if   to i
      t   r t n be
     t   d   si   be
   i   m   si o i
 l   e   t nt   n
a   o   f   nt   g
 l   e   t nt   n
   i   m   si o i
     t   d   si   be
      t   r t n be
      l   if   to i
       e   if   to   n
       p   r t n b   g
         o d   si   e n
          em   si   i
          em   t n   e n

a little poem about death
a little poem about death
a little poem about death
a little poem about death
a little poem about death
a little poem aboutdeath
a little poem about death
a little poem about death
a little poem about death
a little poem aboutdeath
a little poem about death
a little poem about dea
b a little poem about death
o a little poem about
u a little poem about deat
t a little poem aboutdeath
d a little poem about
e a little poem aboutdeath
a alittle poem about death
t a little poem
h a little poem about death
a little poem about death
a little poem about death
a little poem about death
a little poem about death
a little poem about death
a little poem about death
a little poem about death
a little apoem about death
a little a poem about death
a alittle poem about death
a little a poem aboutdeath
a a little poem about death
a little a poem aboutdeath
a a alittle poem about death
b a little poem
o a little poem about death
U a little poem about
t a little poem about death
D a little poem
E a little poem about
A a little poem aboutdeath
t a little poem about death
h a little poem about death
a little poem about
a little poem about death

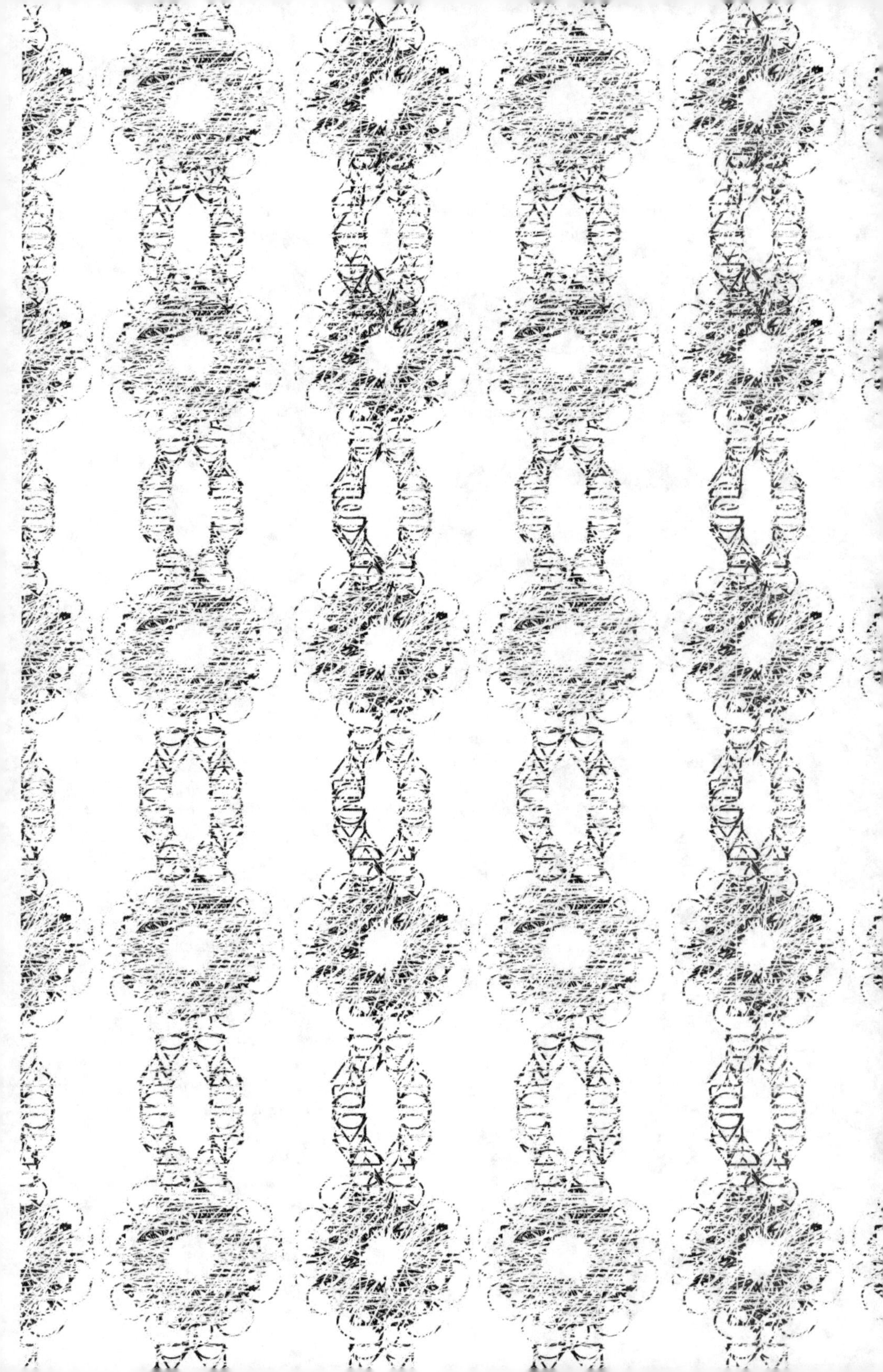

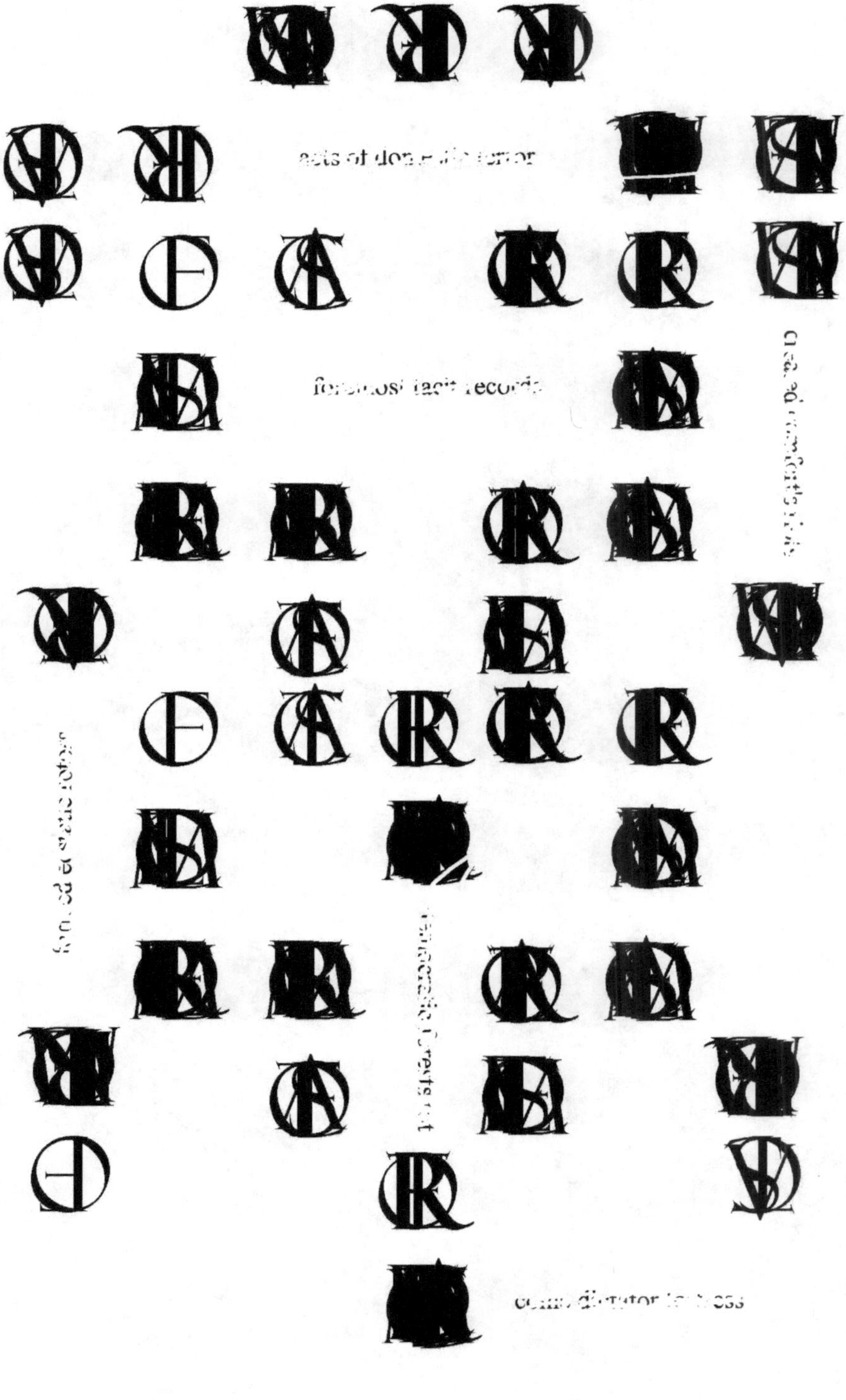

acts of domestic terror

foremost tacit records

created comfort's riots

formed ecstatic rotors

democratic forests rot

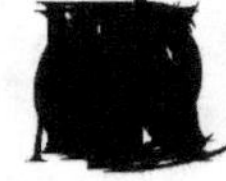

commo dictator fortress

r w n l c a s
a s s d o r t
p t ad n l h
s r ad e ig
p a s d s ig
a in l t l h
r in i ar t
r a s n ar s
o r a g t l t
w t d s s i h
s d c e g
w t l on i h
o r i on l t
r a n c e r s
r i gs s a t
a n gs t h
p s n c s a g
s a i o e r i
p d l n l
a d o e r i
r d l c s a g
r a i s t h
o s ng s a t
w i ng e r s
o s ng s a t
r a i s t h
r d l c s a g
a d o e r i
p d l n l
s a i o e r i
p s n c s a g
a n gs t h
r i gs s a t
r a n c e r s
o r i on l t
w t l on i h
s d c e g

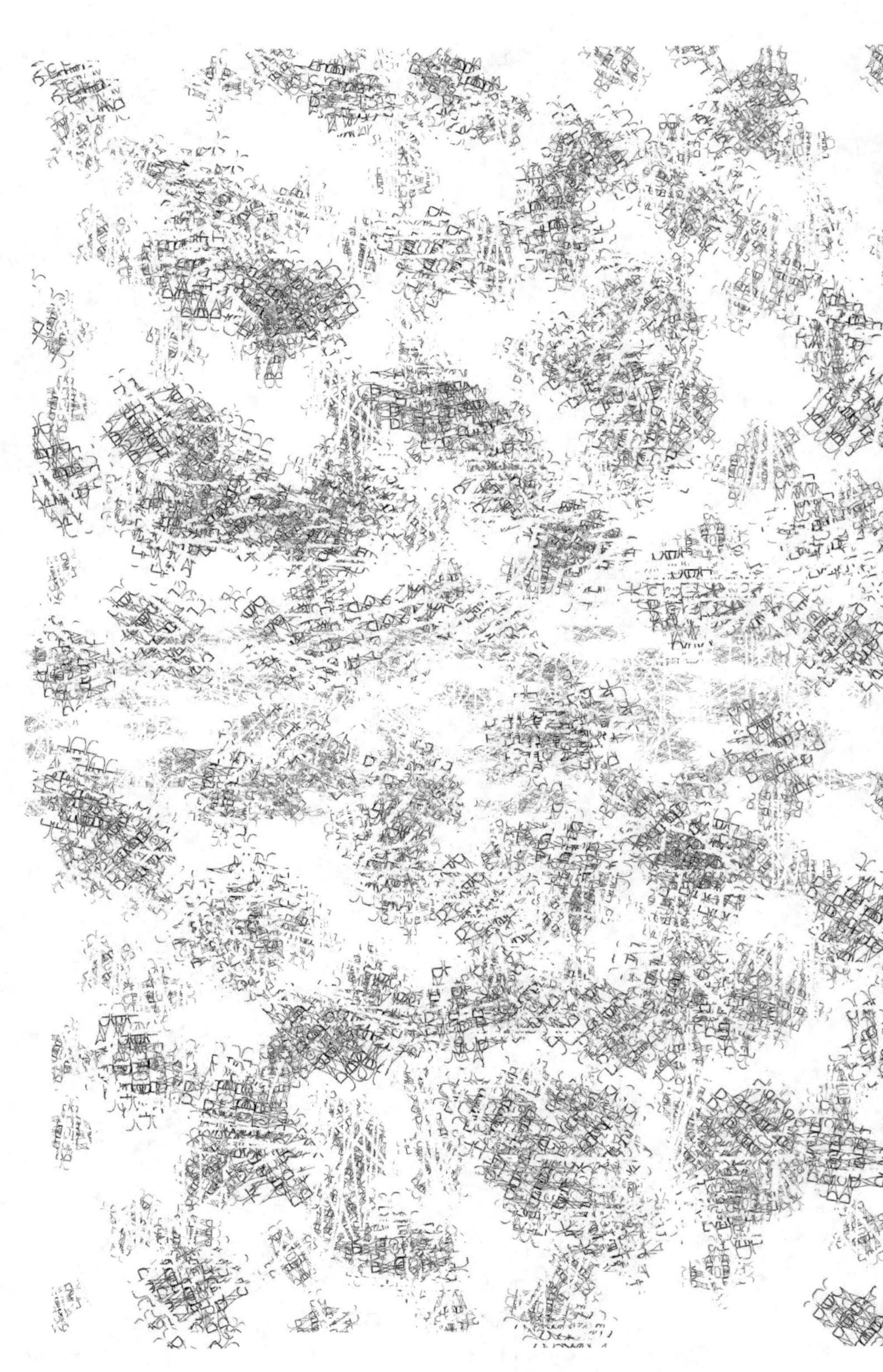

```
s
su
sun
sunb
sunbe
sunbea
su beam
su beamo
su beamor
 u beamorr
 u beamorra
 u beamorrai
 u  eamorrain
 u  eamorraind
 u  e morraindr
 u  e morraindro
 u  e mor aindrop
 u  e mor aindropo
 u  e mor aindropor
 u  e mor aindropors
    e mor  indroporsh
    e mor  indr porsha
    e mor  indr porshad
    e m r  ind  porshado
    e m r  i d  po shadow
    e m r  i d  po shadowo
      m r  i    po s adowor
      m r  i    po s adowort
        r  i    p  s adoworte
        r  i    p  s adowortea
        r  i    p    ad wortear
        r  i    p    ad wortear
        r  i    p    ad wo tear
        r  i    p    a  wo te r
        r  i    p    a  wo te r
        r       p    a   o te r
        r       p    a   o te r
        r       p    a   o te r
        r       p    a   o te r
        r       p    a   o  e r
        r       p    a   o  e
        r       p    a   o  e
        r       p    a   o
                p        o
                p        o
                         o
                         o
```

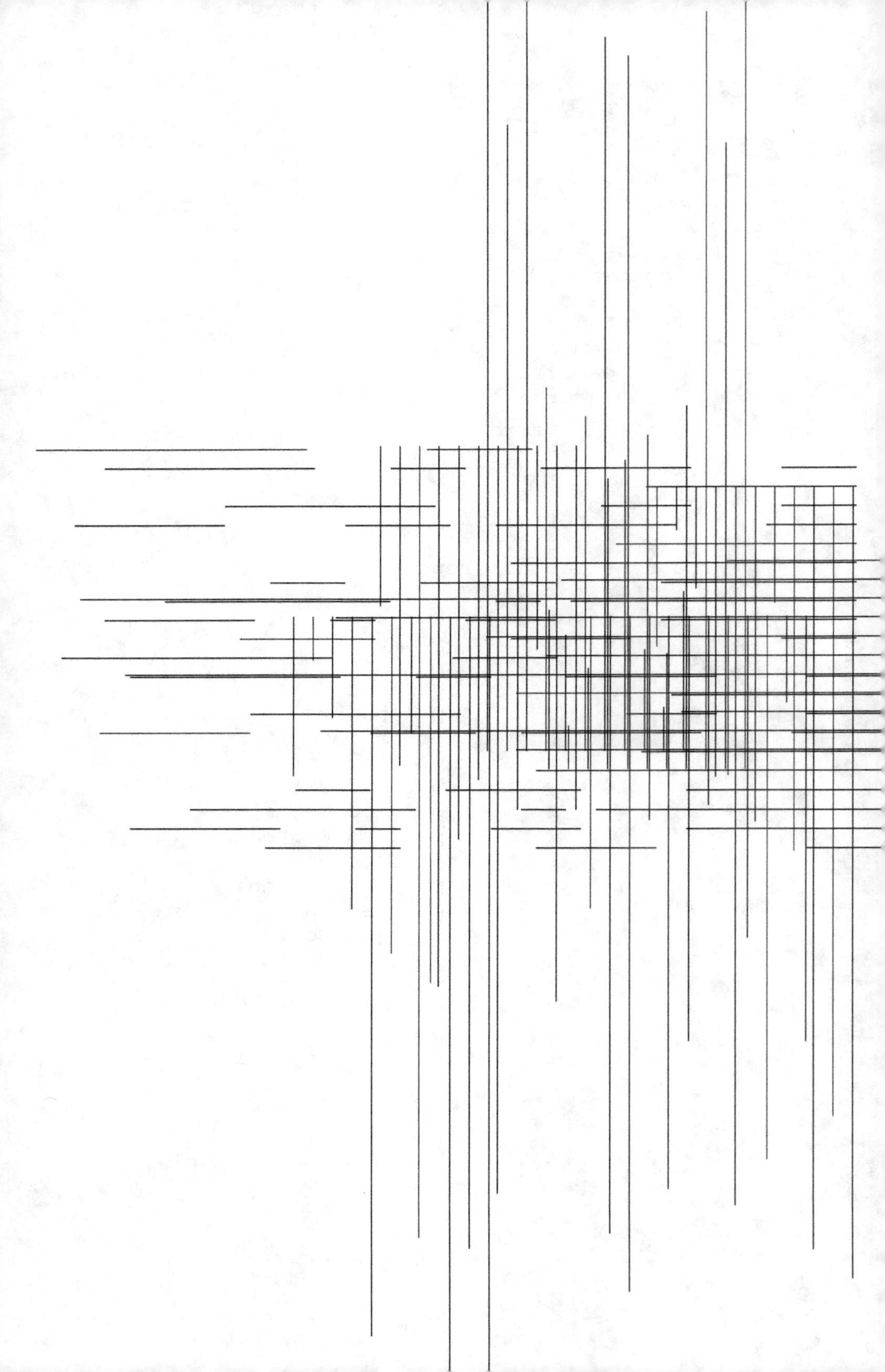

apoem
tapoe
utapo
outpo
boutp
about
habou
thabo
athab
eatha
death
tdeat
utdea
outde
boutd
about
mabou
emabo
oemab
poema
apoem

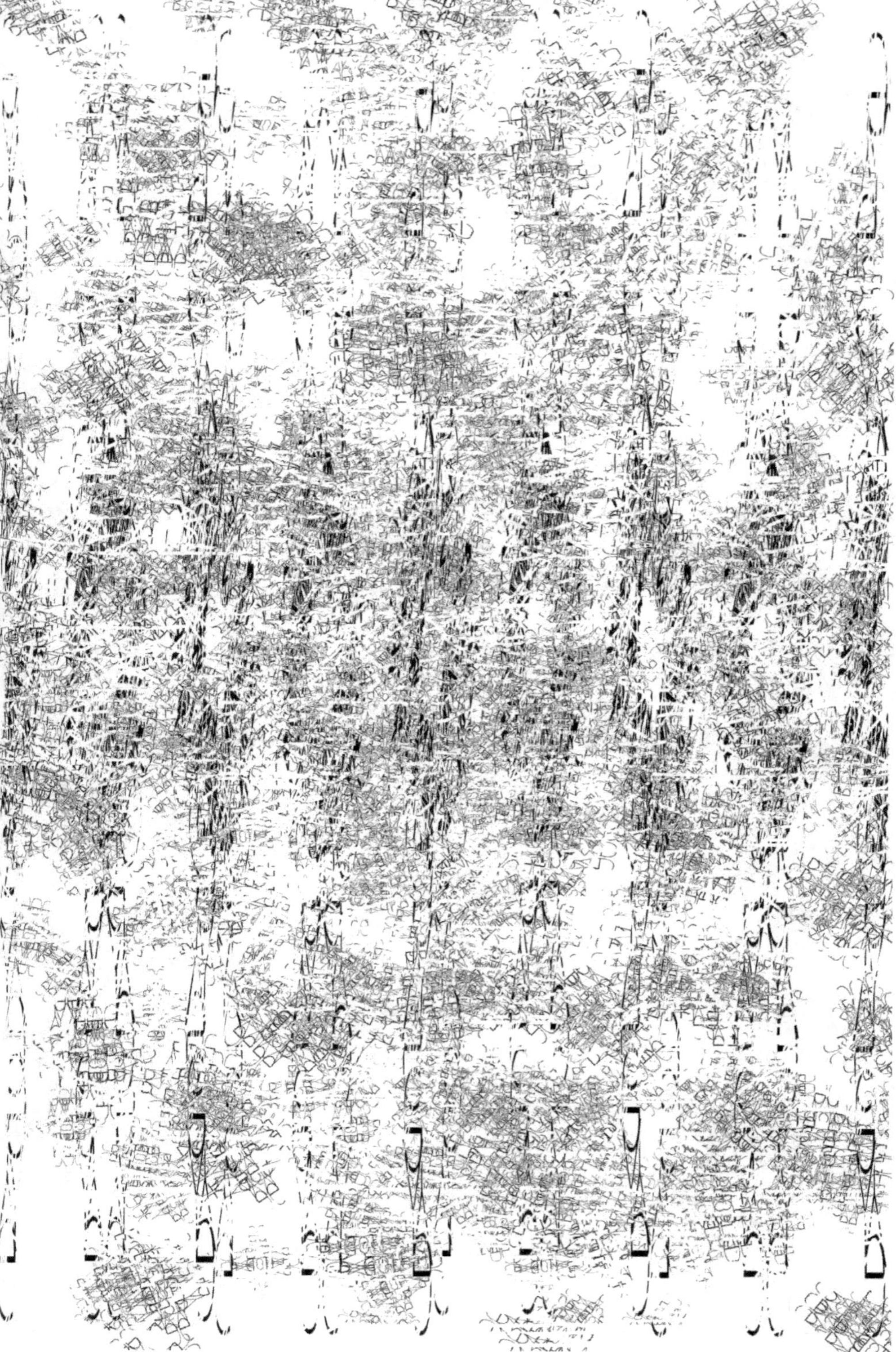

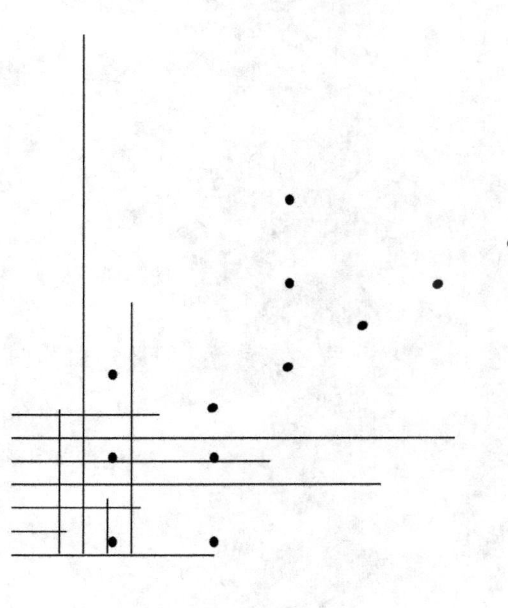

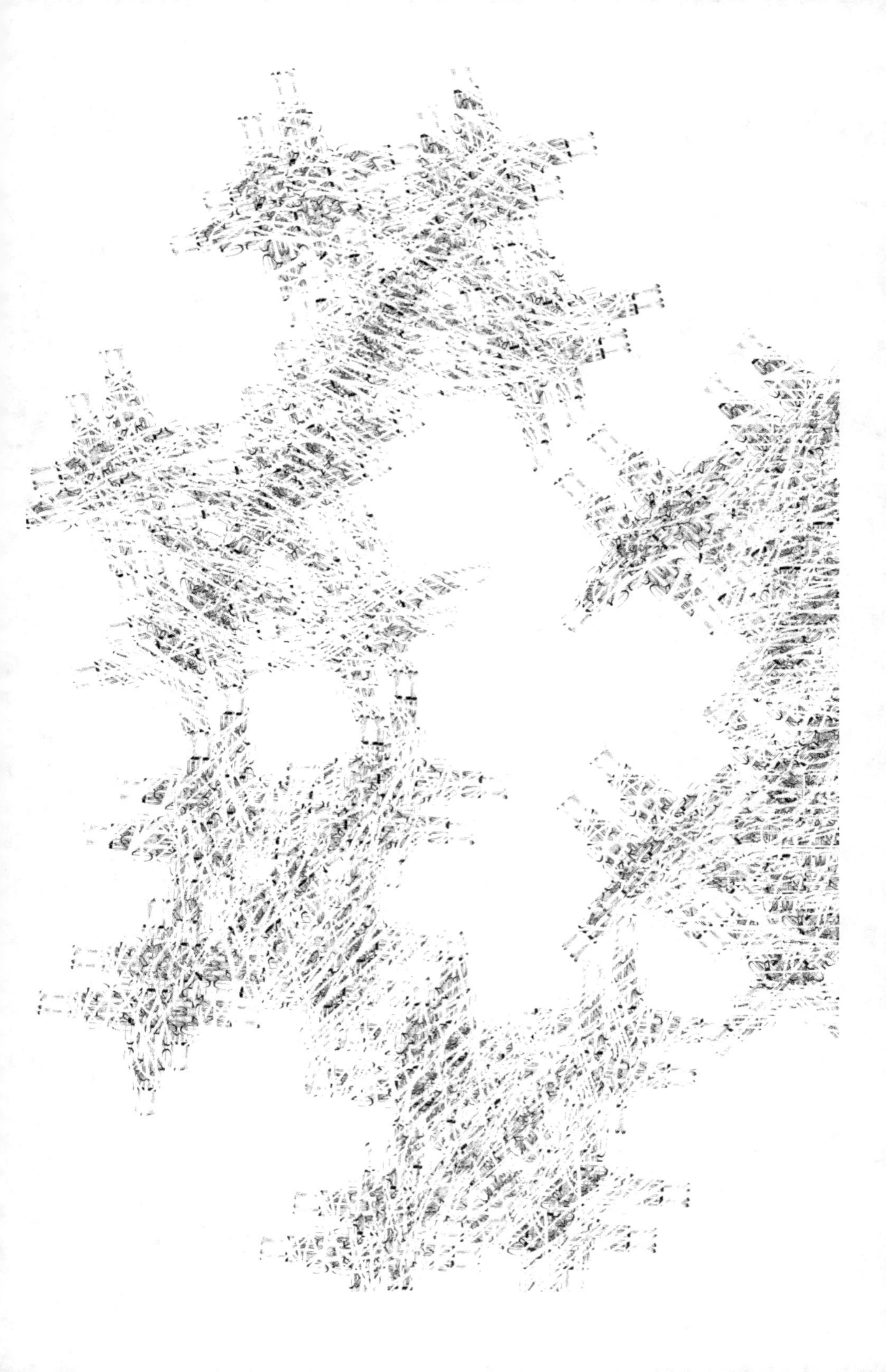

                a
               la
              ila
             tila
            ttila
           lttilal
          elttila i
         pelttila t
        opel tila   t
       eope tila   l
      meope tilal   e
     smeope tila i   p
    csmeop l til l t   o
   rcs eop ttil i t   e
  ercs eop   til   t t   m
 eerc   ope til   t l   s
seerc m op l tila   l e   c
seerc eop ttil l   e p   r
seer   op   til i   p o   e
seer   op   til   t   o e   e
se r c ope tila   t   e m   s
se r s op l til l   l   m s   s
 e r   mop ttil i   e   s c   s
 e r   op   til   t   p   c r   s
 e r   op   til   t   o   r e   s
 e r   ope t l   l   e   e e   s
 e r   op l t la   e   m   e s   s
 e r   op tt l l   p   s   s s   s
 e r   op   t l i   o   c   s s   s
 e r   op   til   t   e   r   s s   s
 e r   op   t l   t   m   e   s   s
 e r   op   t la   l   s   e   s   s
 e r   o   t l l   e   c   s   s   s
 e r   o   t l i   p   e   s   s
 e r   o   t l   t   o   e   s   s
 e r   o   t l   t   e   s   s   s
 e r   o   t l   l   m   s   s   s
 e r   o   l   e   s   s   s   s
 e r   o   l   p   c   s
 e   o   l   o   r   s
 e   o   l   e   e   s
 e   o   m   e   s
        o   s   s   s
        o   c   s   s
        o   r   s   s
        o   e   s
        o   e
        o   s
        o   s
        o   s
                                   s

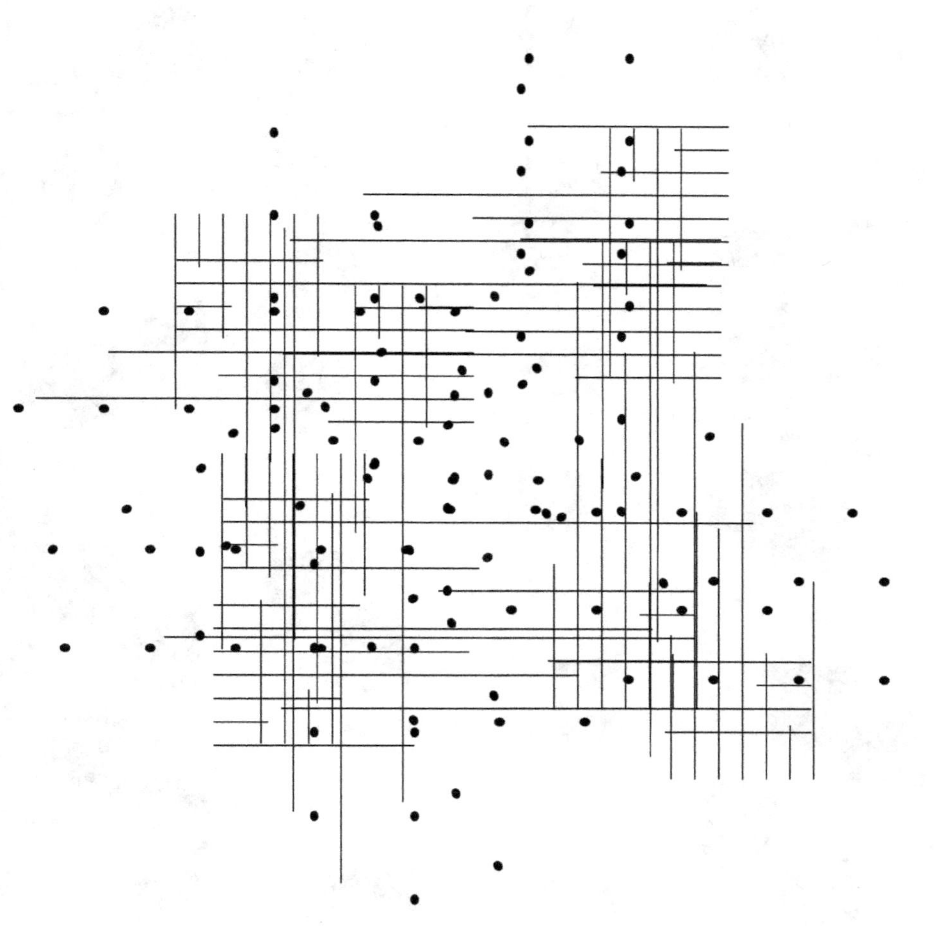

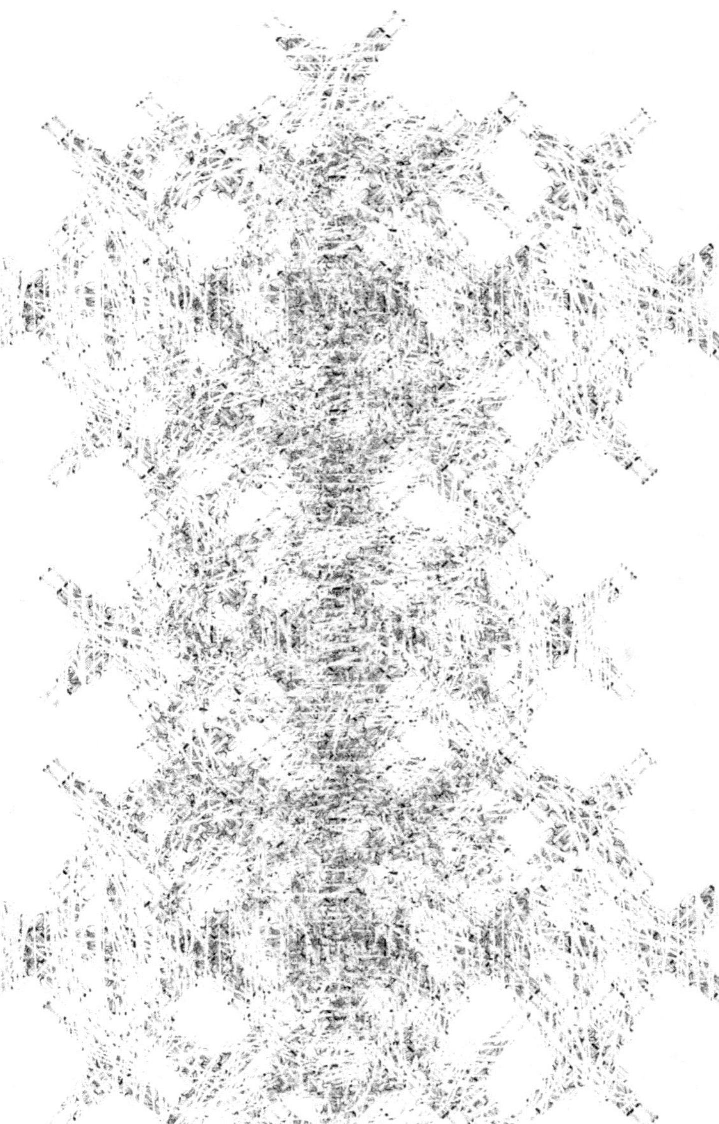

     s   s   s

    rs   lsh   so

   ers   elsho   soi

  wers velshou soil

 owers avelshous soile

mowersnavelshousesoiled

 owers avelshous soile

  wers velshou soil

   ers   elsho   soi

    rs   lsh   so

     s   s   s

     s   s   s

         r   s   lsh   s   o

    e   r   s   elsho   s   o   i

w   e   r   s velshou s   o   i   l

o w   e   r   s avelshous s   o   i   l   e

m o w   e   r   snavelshouses   o   i   l   e d

o w   e   r   s avelshous s   o   i   l   e

w   e   r   s velshou s   o   i   l

    e   r   s   elsho   s   o   i

         r   s   lsh   s   o

     s   s   s
     s   s   s
    rs   lsh   so
   ers   elsho   soi
  wers velshou soil
 owers avelshous soile
mowersnavelshousesoiled
 owers avelshous soile
  wers velshou soil
   ers   elsho   soi
    rs   lsh   so
     s   s   s

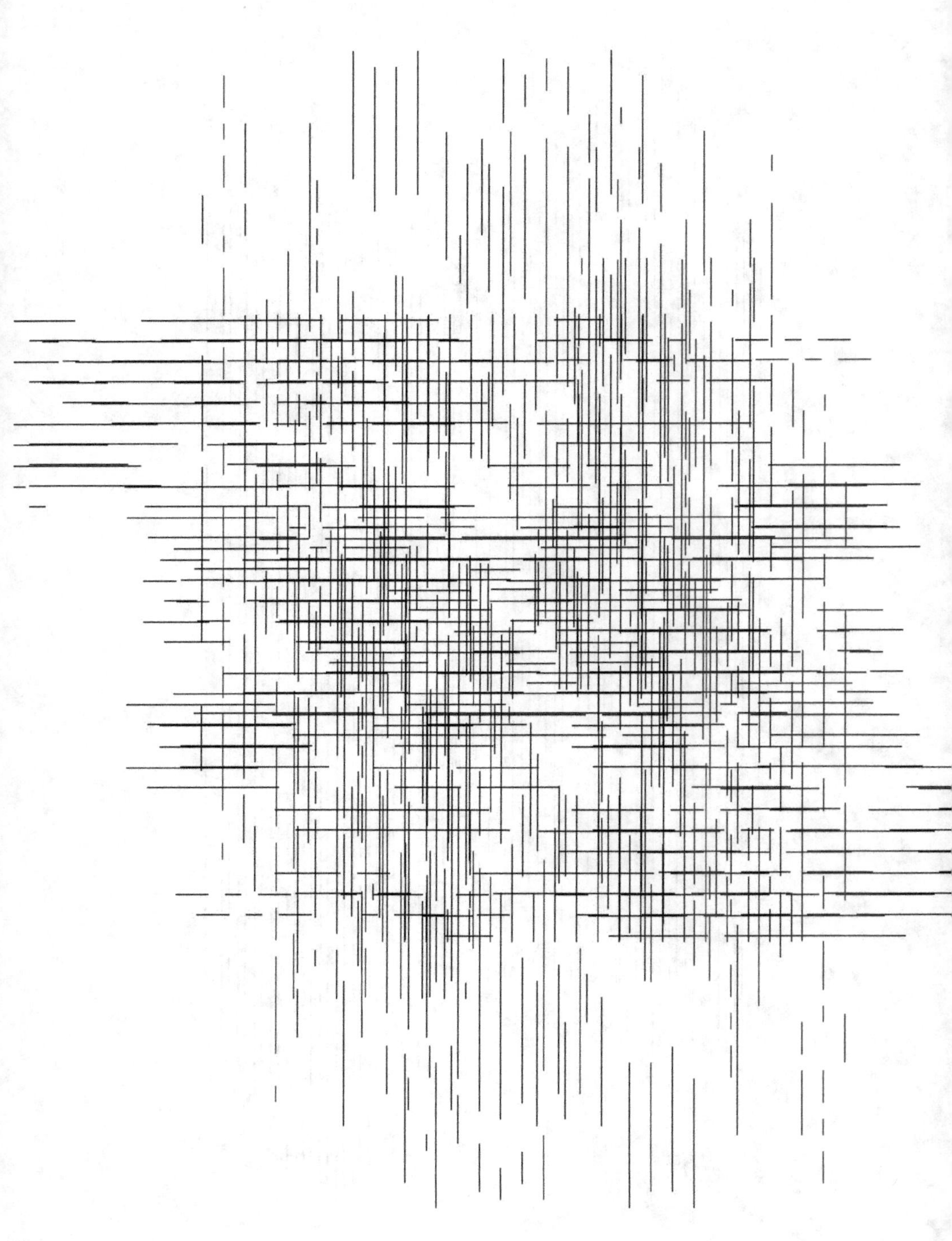

```
      e
      e
      e
     le
     le    a
  i  le    a             n
  it le    a   t         n
  it le    a   t     c   n
  it lep   a   t     c i n
a it lepo  a   t     c ion
a it lepoe a o t  f  c ion
alit lepoema o t ef ection
alittlepoema outref ection
alittl poema outrefle tion
alittl poem boutrefle ti n
alitt  poem boutrefl  t
alitt  poem bout e l
alit   poem bout e l
al t    oem bout e l
a  t     em bo t e
a  t      m bo t
a  t        bo t
   t        bo t
            bo t
             o t
             o t
             o t
             o t
               t
```

gnihcaerdnagnihcaermeopelttilaaaaaaaaaaaaaaaaaaaaaaaaaaaaaaaaa
gnihcaerdnagnihcaermeopelttilaaaaaaaaaaaaaaaaaaaaaaaaaaaaaaaa
gnihcaerdnagnihcaermeopelttilaaaaaaaaaaaaaaaaaaaaaaaaaaaaaaaaaa
gnihcaerdnagnihcaermeopelttiiiiiiiiiiiiiiiiiiiiiiiiii
gnihcaerdnagnihcaermeopelttiiiiiiiiiiiiiiiiiiiiiiiii
gnihcaerdnagnihcaermeopelttttttttttttttttttttttttttttttt
gnihcaerdnagnihcaermeopelttttttttttttttttttttttttttttttttttttttttt
gnihcaerdnagnihcaermeopelttttttttttttttttttttttttttttttttttttttttt
gnihcaerdnagnihcaermeopelttttttttttttttttttttttttttttttttttttttttttt
gnihcaerdnagnihcaermeopeeeeeeeeeeeeeeeeee
gnihcaerdnagnihcaermeopeeeeeeeeeeeeeeeeeeee
gnihcaerdnagnihcaermeoppppppppppppppppppppppppppp
gnihcaerdnagnihcaermeoppppppppppppppppppppppppppp
gnihcaerdnagnihcaermeoppppppppppppppppppppppppppppppp
gnihcaerdnagnihcaermeooooooooooooooooooooo
gnihcaerdnagnihcaermmmmmmmmmmmmmmmmmmmmmmmmmmmmmmmmmmmmmmmm
gnihcaerdnagnihcaermmmmmmmmmmmmmmmmmmmmmmmmmmmmmmmmmmmmmmmm
gnihcaerdnagnihcaermmmmmmmmmmmmmmmmmmmmmmmmmmmmmmmmmmmmmmmmmmm
gnihcaerdnagnihcaeeeeeeeeeeeeeeeeeeeeeeeeeeeeeeeeeeeeeeee
gnihcaerdnagnihcaeeeeeeeeeeeeeeeeeeeeeeeeeeeeeeeeeeeeeeee
gnihcaerdnagnihcaaaaaaaaaaaaaaaaaaaaaaannnnnnnnnnnnnnnnn
gnihcaerdnagnihcaaaaaaaaaaaaaaaaaaaaaaaannnnnnnnnnnnnnnnn
gnihcaerdnagnihccccccccccccccccccccccc
gnihcaerdnagnihcaaaaaaaaaaaaaaaaaaaaaaannnnnnnnnnnnnnnnnn
gnihcaerdnagnihhhhhhhhhhhhhhhhhhhhhhhhhhhhhhhhhhhhhhhhhhhhhhhhh
gnihcaerdnagnihhhhhhhhhhhhhhhhhhhhhhhhhhhhhhhhhhhhhhhhhhhhhhh
gnihcaerdnagnihhhhhhhhhhhhhhhhhhhhhhhhhhhhhhhhhhhhhhhhhhhhhhhhhhhhh
gnihcaerdnagniiiiiiiiiiiiiiiiiiiii
gnihcaerdnaggggggggggggggggggggggg
gnihcaerdnaggggggggggggggggggggggg
gnihcaerdnaaaaaaaaaaaaaaaaaaaaaaaaaaaaaaaaaaaaaaa
gnihcaerdnaaaaaaaaaaaaaaaaaaaaaaaaaaaaaaaaaaaaaaa
gnihcaerdnnnnnnnnnnnnnnnnnnnnnaaaaaaaaaaaaaaaaaaaaaaa
gnihcaerdddddddddddddddddddddddddddddddddddddddddd
gnihcaerdddddddddddddddddddddddddddddddddddddddddd
gnihcaerdddddddddddddddddddddddddddddddddddddddddddddd
gnihcaeeeeeeeeeeeeeeeeeeeeeeeeeeeeeeeeeeee
gnihcaeeeeeeeeeeeeeeeeeeeeeeeeeeeeeeeeeeee
gnihcaaaaaaaaaaaaaaaaaaaaaaeeeeeeeeeeeeeeee
gnihccccccccccccccccccccccccccccccccccccccccccccc
gnihcccccccccccccccccccccccccccccccccccccccccccc
gnihhhhhhhhhhhhhhhhhhhhhhhhhhcccccccccccccccccccc
gniiiiiiiiiiiiiiiihhhhhhhhhhhhhhhhhh
gnnnnnnnnnnnnnnnnnnnnnnnnn
gnnnnnnnnnnnnnnnnnnnnnnnnn
gggggggggggggggnnnnnnnnnnn
gggggggggggggg
gggggggggggg

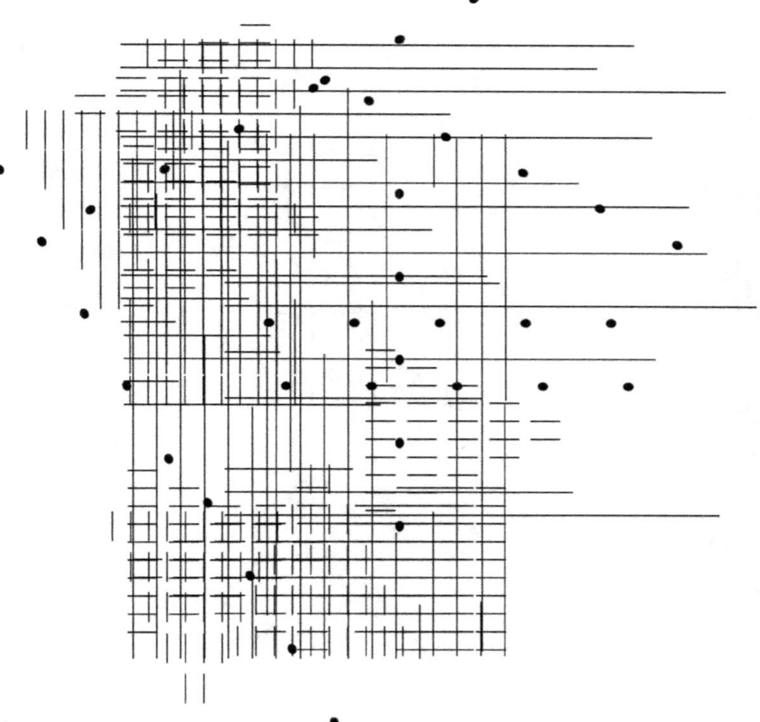

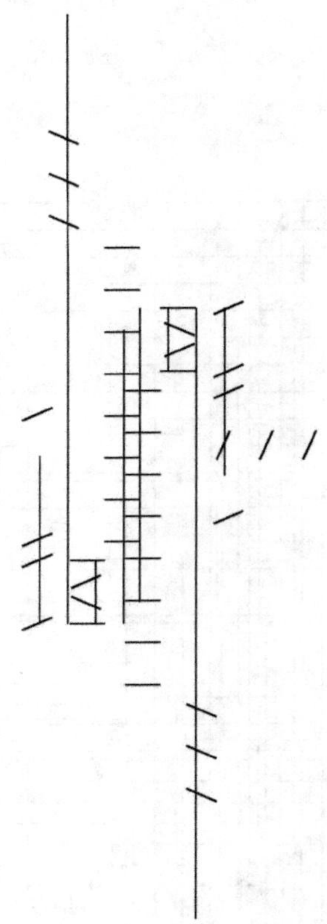

```
/\|/|\|/\|/|\|/\|
/|\|/\|/|\|/\|/|\
|/\/\|/|\|/\/\|/\
/|\|/\|/|\|/\|/|\
|/\/\|/|\|/\/\|/\
/\|/|\|/\|/|\|/\|
```

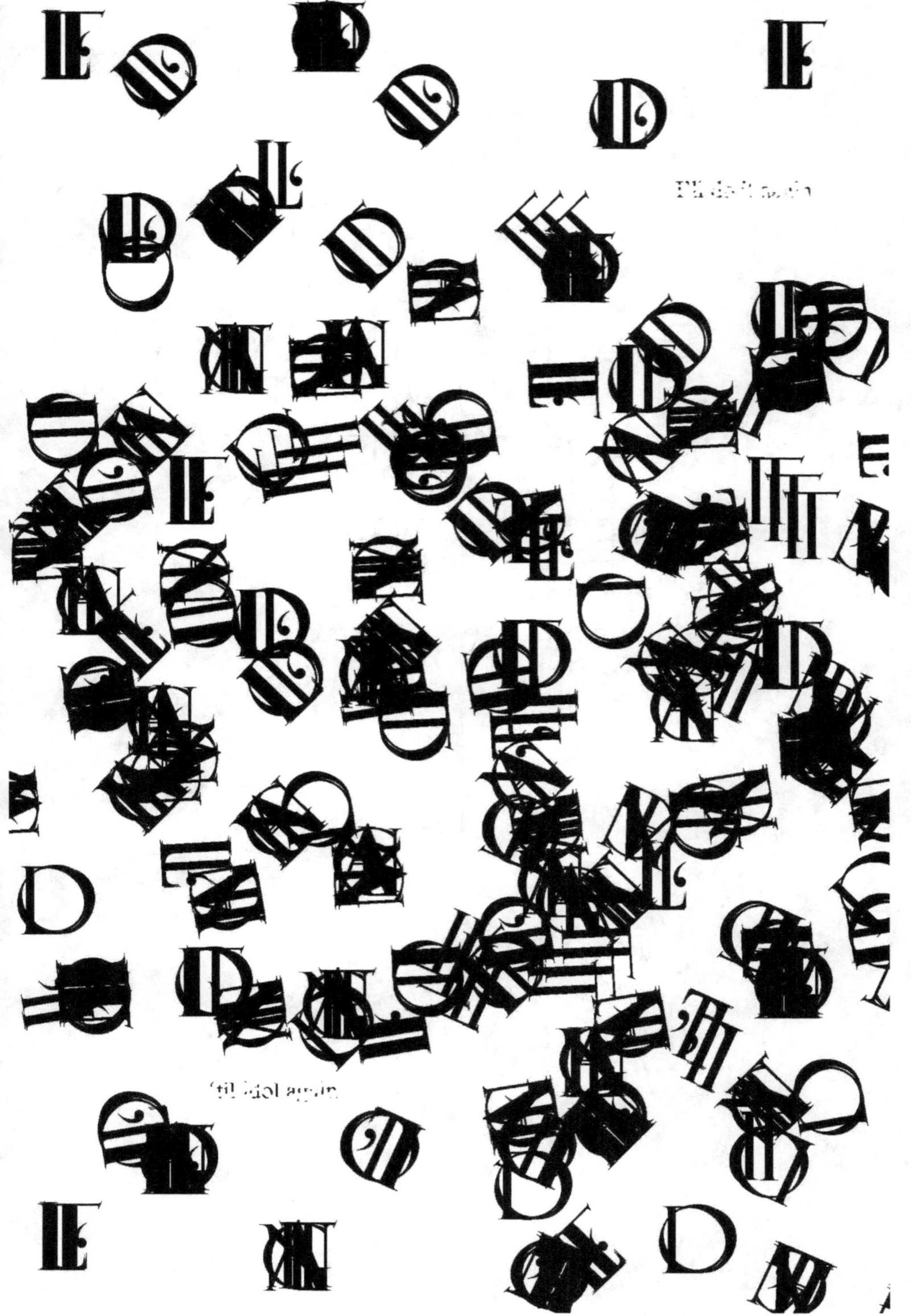

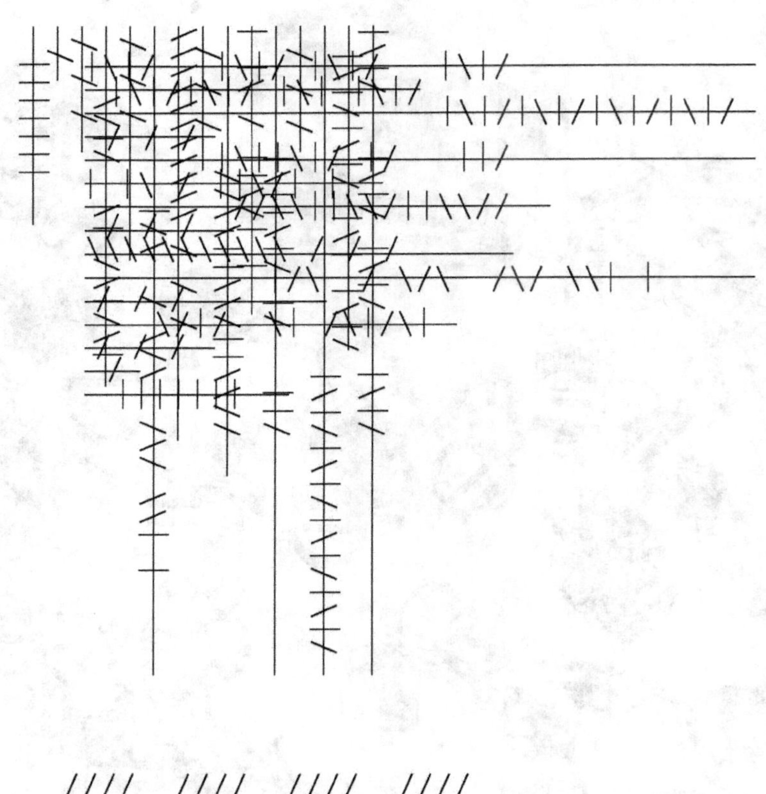

//// //// //// ////

///\ ///\ ///\ ///\

//\\ //\\ //\\ //\\

/\\\ /\\\ /\\\ /\\\

\\\\ \\\\ \\\\ \\\\

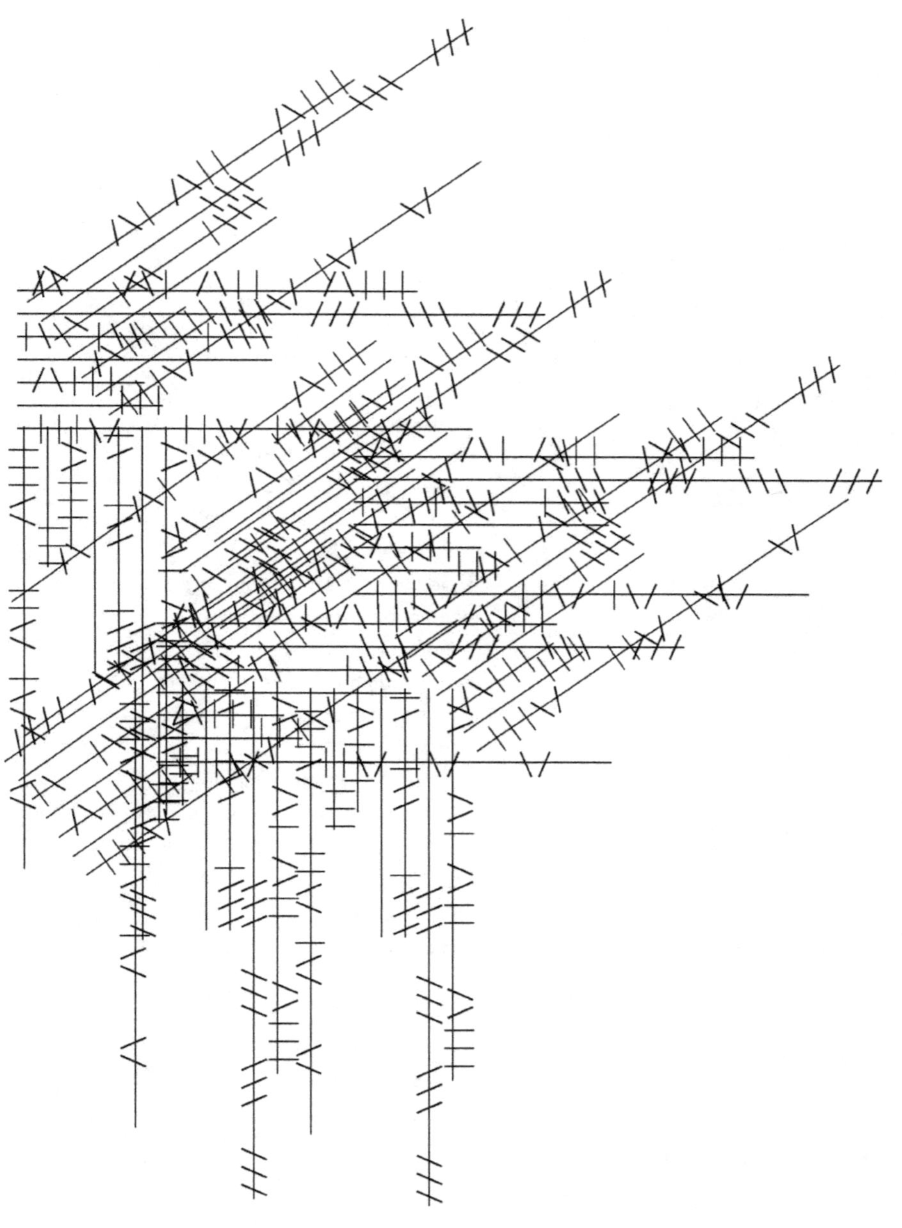

||||||\/ ||||\/ |||\/ ||\/ |\/ \/

a
a
a
m a
m a
m a
m a
em a
em ea s
em ea s
em ea s
p em eabs l
p em eabs c l
p em t eabs c l g
p em t eabse c l g
p ema t eabse c l g
p ema theabsenc lig
apoemab &theabsenc lig
apoemabo &theabsenc flig
apoemabo &theabsence fligh
apoemabou &theabsence flight
apoemaboutlight&theabsenceoflight
apoemaboutlight& hea enceo ight
apoemaboutlight& hea enceo ight
apoemaboutlight& he ence ight
apoe aboutlight& h ence ight
apo abo tlight& h nce ght
apo abo tlight h nc ght
apo abo tlight h nc ght
a o ab tlight h n ht
a o ab tlight n ht
a o b tlight n ht
a o b tligh n ht
a o b tligh n t
a o b tligh t
a o b tligh t
a o b tligh
a o tli h
a o tli h
a o tli h
a o tli h
a o li
a o li
a o li
o li
o li

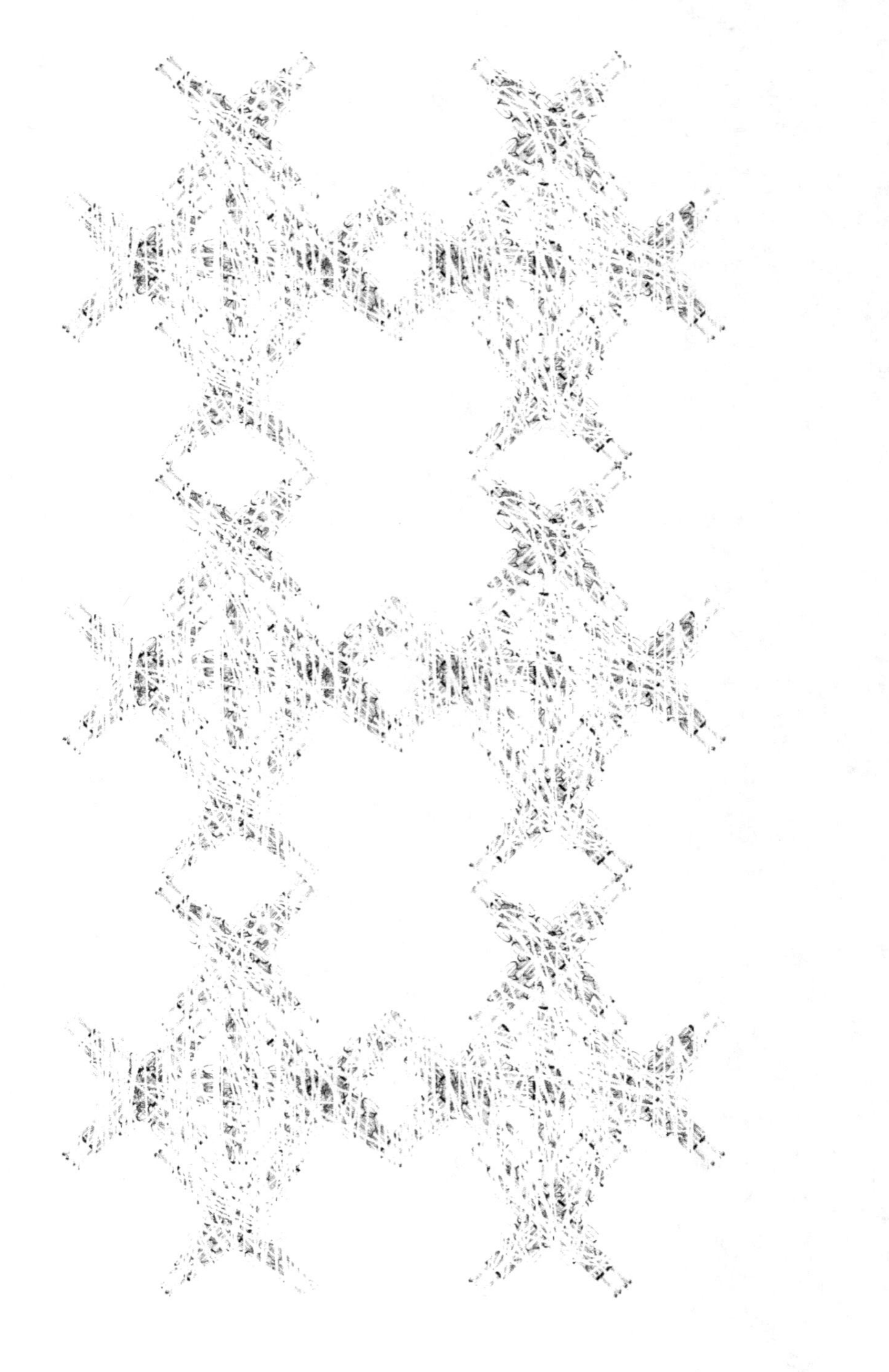

```
t
 h
  e
   s
   se
   sem
   semo
   sem m
   sem  e
    em   n
    em    t
    em     s
    em      o
    em       f
    e        fa
             fac
             facu
              acut
              acu e
              a u  s        s
              a u   i       i
              a u    d      d
              a       e     e
              a        r    r          r
                        e   e   e      e
                         a  a a a a    a
                          l lll l l l l
                           ddddddddddddddd
                        ealdeeeeeeeeeeeeeeee
                       realdellllllllllllll
                         aldeliiiiiiiiiiiiiiii
                          ldeliggggggggggggggg
                         aldelighhhhhhhhhhhh
                       realdelighttttttttttt
                        ealdel ghttt tt ttt
                           d l g ttt t  ttt
                             l    tt t  ttt
                                  t     tt
                                        tt
                                         t
                                         t
```

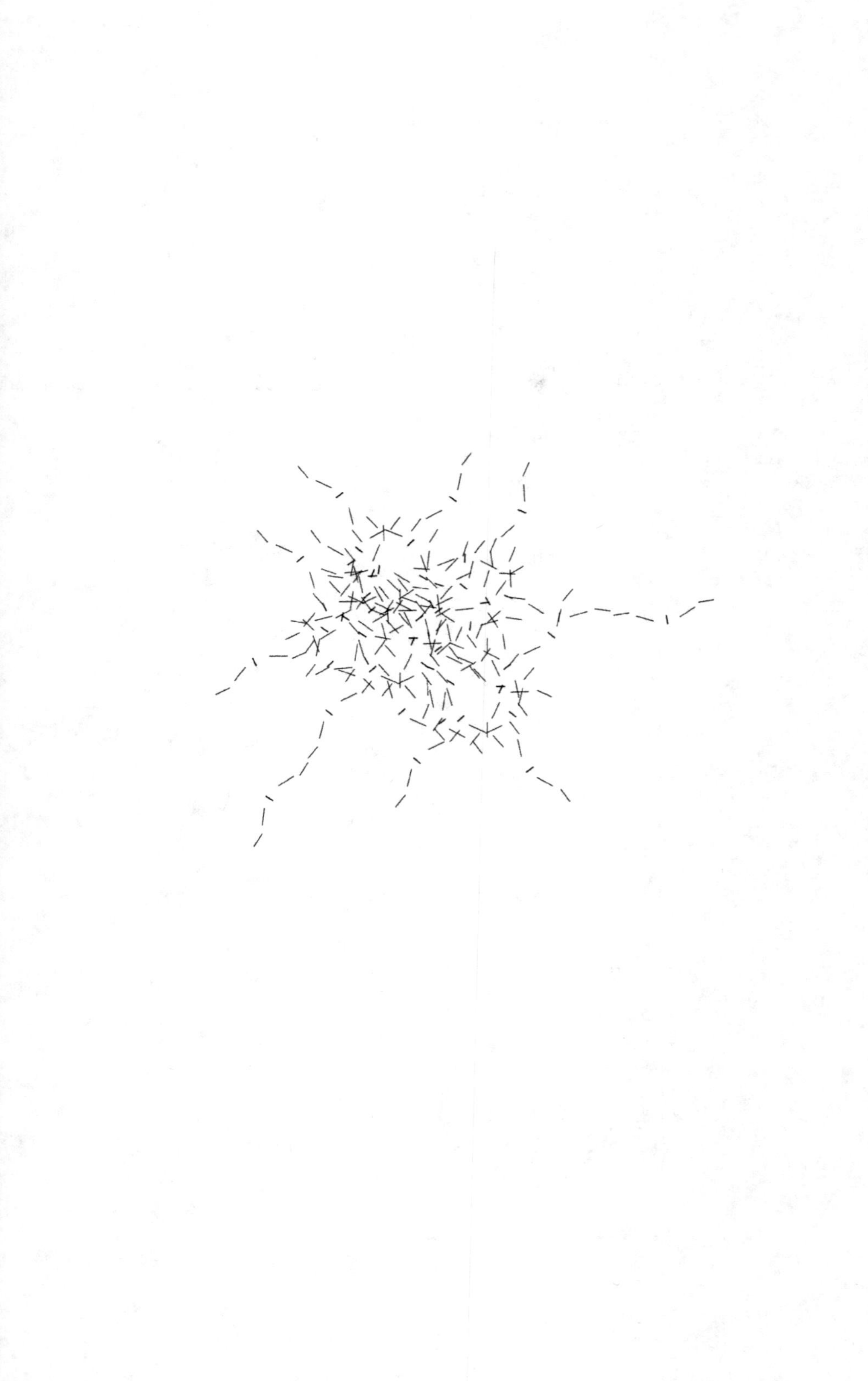

                      al   a   la
                      a i   l   ila
                      a t i   tila
                      a   t   ttila
                      aa t l   lttila
        a   a l   e   elttila
        al   ae i   p   pel tila
a   a i   p   t   o   op l   ila
al   a t   oa   tt   e e p l   ila
ali   a   t   e a   t l   m m p l   ila
alit   a   l   m a   t e   a   l   ila
ali t   a   e   a   a   t   p b b   i a
ali l   p b   a   t   o   o   i aaaaaaaaaaaaaaaaaaaaaaaaaaaa
ali le   o   a   t   u e   u   i
ali lep   u e   a   t   m   t   i
ali   epo   t   m   a   d   a   d   iiiiiiiiiiiiiiiiiiii
ali   ep e   d   ma a   ed   ab   e
a i   e   m e   mab a   a d   abo   a
a i   e   a   maboa t d   bou t
a i   e   t b   ma u h   d   bout   hhhhhhhhh
a i   e h bo   ma at   a a   ou d
a i   e   bou   a a d   l   ou e
a i   bo t   a a e   i i   o   ea
a i   b   d a a   a t it   o   eat
a i   de   a   t itt   o   eath
  i   a   dea   a   lth ittl   eath
  i   al   deat a elth   tt e   ath
  i   ali   dea h a pelth   tt p   a h
  i   alit d a   aopelth   tt po   h
  i   alitt d a   e pelth   tt poe   hhhhhhhhhhhhhhhhhhhhhhh
  i   l t l a ma elth   tt poem
  i   l t e   a a elth   tt poema
  i   l t   p b a   lth   t poemab
  i   l   o   a   lth   t poema ooooooooooooooooooooooooooooo
  i   l   u e a   lth   t po ma u
  i   l   t   m a   lt   t po ma   tttttttttt
               d   aa   lt   po ma   d
              e   b   t   p ma   de
             a   ao   p m   d aaaaaaaaaaaaaaaaaaaa
            ta   a u   p m   d at
           hta   a t   m   d ath
           hta   a   d   m   d at
           hta   a   de   m   d t
           h a   a   dea   d t
           h a   a   de t   d t
           h   a   e h   t
           h   a   e   ttttttttttttttttttttttt
                           e

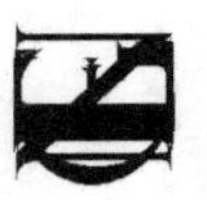
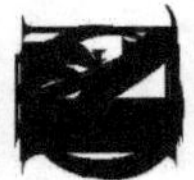

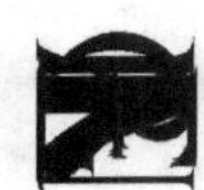
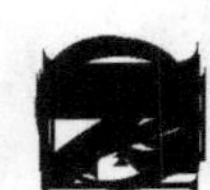
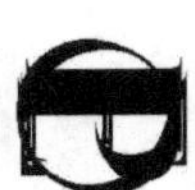
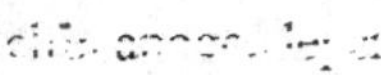
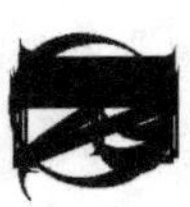
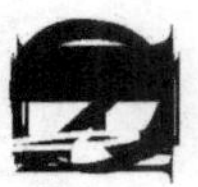
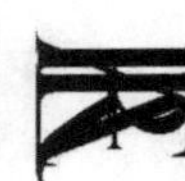
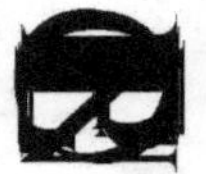
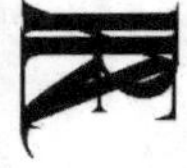
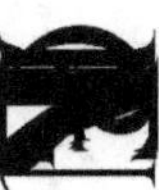
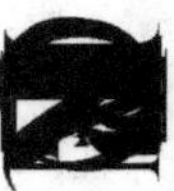

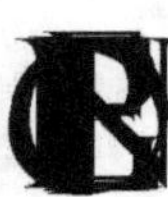
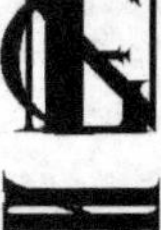
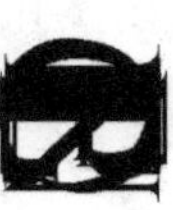
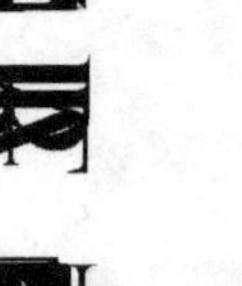

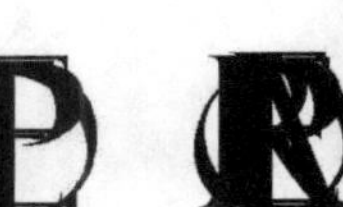
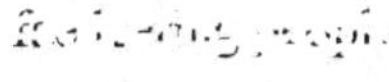
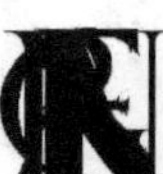
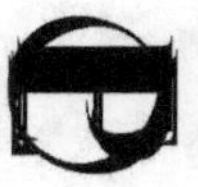
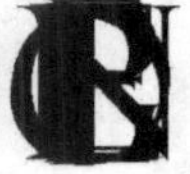
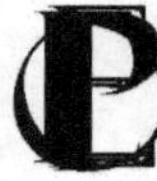

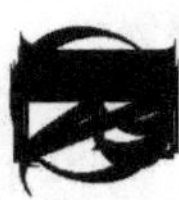
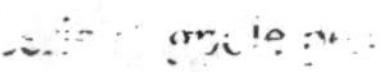
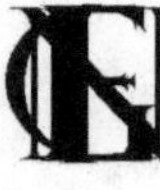
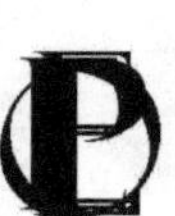

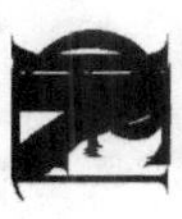
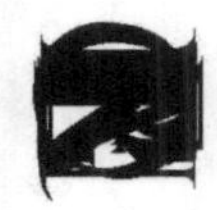

aaaaaaaaaaaaaaaaaaaaaaaaaaaaaaaaaaaaaaaaa
alllllllllllllllllllllllllllllllllllllllla
aliiiiiiiiiiiiiiiiiiiiiiiiiiiiiiiiiiiiila
alittttttttttttttttttttttttttttttttttttila
alittttttttttttttttttttttttttttttttttttila
alittllllllllllllllllllllllllllllllllttila
alittleeeeeeeeeeeeeeeeeeeeeeeeeeeeeelttila
alittlepppppppppppppppppppppppppppppelttila
alittlepooooooooooooooooooooooooopelttila
alittlepoeeeeeeeeeeeeeeeeeeeeeeeeopelttila
alittlepoemmmmmmmmmmmmmmmmmmmmmmeopelttila
alittlepoemaaaaaaaaaaaaaaaaaaaameopelttila
alittlepoemabbbbbbbbbbbbbbbbbameopelttila
alittlepoemaboooooooooooooooobameopelttila
alittlepoemabouuuuuuuuuuuuuuobameopelttila
alittlepoemabouttttttttttttuobameopelttila
alittlepoemaboutdddddddddtuobameopelttila
alittlepoemaboutdeeeeeeedtuobameopelttila
alittlepoemaboutdeaaaaaedtuobameopelttila
alittlepoemaboutdeatttaedtuobameopelttila
alittlepoemaboutdeathtaedtuobameopelttila
alittlepoemaboutdeatttaedtuobameopelttila
alittlepoemaboutdeaaaaaedtuobameopelttila
alittlepoemaboutdeeeeeeedtuobameopelttila
alittlepoemaboutdddddddddtuobameopelttila
alittlepoemabouttttttttttttuobameopelttila
alittlepoemabouuuuuuuuuuuuuuobameopelttila
alittlepoemaboooooooooooooooobameopelttila
alittlepoemabbbbbbbbbbbbbbbbbameopelttila
alittlepoemaaaaaaaaaaaaaaaaaaaameopelttila
alittlepoemmmmmmmmmmmmmmmmmmmmmmeopelttila
alittlepoeeeeeeeeeeeeeeeeeeeeeeeeopelttila
alittlepooooooooooooooooooooooooopelttila
alittlepppppppppppppppppppppppppppppelttila
alittleeeeeeeeeeeeeeeeeeeeeeeeeeeeeelttila
alittllllllllllllllllllllllllllllllllttila
alittttttttttttttttttttttttttttttttttttila
alittttttttttttttttttttttttttttttttttttila
aliiiiiiiiiiiiiiiiiiiiiiiiiiiiiiiiiiiiila
alllllllllllllllllllllllllllllllllllllllla
aaaaaaaaaaaaaaaaaaaaaaaaaaaaaaaaaaaaaaaaa

```
    i
    i
a   i                                                    e
a   i t                                                p e
a l i t                                                p e
a l i t t                                             gp e
a l i t t         m                                   go e
a l i t t e       m                             e     gpoem
a l   t t e       m                             e     gpoem
a       t e p     m                           b e   i gpoem
        t e p     m a                         b ea  i gpoem
          e p o   m a                         b ea  ingpoem
          e p o   m a                         b eat ingpo m
          e p o e m a           r             breat ingpo m
          e p o e m a b         r            mbreathing o m
            p o e m a b         r            mbreathing o m
            p o e   a b o       r            mbreathing   m
            p o e   a b o u   b r         p  mbreathing   m
            p o     a b o u   b r e       p embr ath ng
            p o       b o u t b r e       p embr  th ng
            p         b o   t b r e a    apoembr  th  g
            p         b o   t b r e a t  apoemb   th  g
            p         b     t b r e a t  apoem    th
                      b       b   e a t hapoem    th
                      b           e a t ha oe     th
                                  e a t ha oe     th
                                  e   t ha oe      h
                                  e     ha o       h
                                        h  o       h
                                        h  o
                                        h  o
                                           o
```

[illegible] [illegible] [illegible] [illegible] [illegible] [illegible] [illegible] [illegible]

[illegible] [illegible] [illegible] [illegible] [illegible] [illegible] [illegible] [illegible]

Andrew Brenza is an American experimental writer, collage artist, and librarian. He is the author of numerous collections of visual poetry including Compass (RedFoxPress) and Smear (BlazeVOX Books). He is also the founder of Sigilist Press, a micropress devoted to the publication and dissemination of visual poetry. He can be found on the press's website at sigilistpress.com.

Now Available

Along With Over 175 Other Titles From

mOnocle-Lash Anti-Press

The Edges of the Fringes of Contemporary Avant-Garde, Antinomian, DIY, Ontologicanarchist, & Radical Counterculture

Glasseyed Pipe by *Denis Beznesov.* Playfully unpredictable, visually insistent, lettristically atomized English texts by the experimental Russian poet. *Cover: T.Campbell/Forward: O.Lindsann.*

No llow by *Jim Leftwich & John M. Bennett.* A quarter of a century in the brewing, here is a previously unpublished series of collaborative visual poetry from 1996-97 by two of the form's most indefatigable explorers.

Synapse, #5 ed. *O. Lindsann.* mOnocle-Lash's flagship periodical contains nearly 90 jam-packed pages, and not an inch of page-space is wasted in this chaotic melange of hundreds of pieces of otherstream writing, visual poetry, collage, Post-NeoAbsurdism, Mail Art, Fluxus, Critical Theory, Neoism, Manifestos, translations, Surrealism, performance scores, reviews, Asemia, and documentation, and much more by 40 international contributors.

Textis Globbolallicus by *John M. Bennett.* Spanning three volumes and nearly 1,000 pages, THE DEFINITIVE collection of texts in Globbolalia, from its only native speaker, Dr. John M. Bennett. *Covers: C. Mehrl Bennett, Blaster Al Ackerman, & Musicmaster; Introductions: Bob Brueckl, Olchar Lindsann, & Jim Leftwich.*

Songs to Shout and Dance by *Pierre Albert-Birot.* Over a dozen poetic scores, including a Nunist poetic drama, by the prolific French cubo-dadaist poet, theatre-maker, painter, publisher, and founder of Nunism (Nowism). Printed in large type in a wide-page format for ease of performance. *Translated by Olchar E. Lindsann. Cover: Leo Sauvage/Forward: O. Lindsann.* Revenant Editions imprint.

Boo-Boo-Boo-Boo-Bah! A Baby Babble Book by *Olchar E. Lindsann*. This colourful kids' book of visual/phonetic poetry scores written for pre- and proto-literate todlers is carefully designed to help babies develop delightful pre-reading relationships with letters, sounds, and words to provide a springboard for later learning – to ease into reading without even noticing. Kid-tested by several families in the Post-Neo orbit over the last two years!

//

>>

Order/Trade these and MORE for prices even STARVING POETS can afford*

at www.monoclelash@wordpresscom

or P.O. Box 342 / Roanoke, VA 24003

*(Our primary readership.) Alternatively, send us zines etc. in trade!

<<<<<<<<<<<<<<<<<<<<<<<<<<<<<<<<<<<<<<<<<<<<<<<<<<

\\

& Forthcoming from mOnocle-Lash:

Synapse #6 *edited by Olchar E. Lindsann*. The best of the international cultural fringe – mOnocle-Lash's flagship periodical is back in its zine format, each page packed with eclectic provocation.

Little Lost Children: A Story for Henry Darger, by Alan Reed. A heart-rending, chapbook-length tale of innocence, cruelty, and rebellion, set in the world of Henry Darger; *Cover by Bradley Chriss.*

Lycanthropy: Shreds Torn from Rhapsodies; Expanded 2nd Edition, by Petrus Borel. The first edition of this chapbook depended mainly on public-domain translations from the 19th Century, the tamest of his work. This new edition, expanded with brand-new translations, does justice to the politically and formally radical nature of his work. *Edited by Olchar E. Lindsann; Translated by O. Lindsann, Raymond E. Andre III, Joseph Carter, & W.J. Robertson*. Revenant Editions Imprint.

www.ingramcontent.com/pod-product-compliance
Lightning Source LLC
LaVergne TN
LVHW020048110826
845155LV00029B/683